武士の家訓

桑田忠親

学術文庫

目次

武士の家訓

序説

家法といっても、家訓といっても、その間にとくに厳密な区別があるわけではないが、家法は主として家の掟《おきて》、家訓は家の教えを意味する。家法の理論を実際にあてはめて細かに説き、教えさとしたのが、すなわち家訓である。

わが国においては、家を重んずる立場から、家法や家訓と称するものがたくさん作られた。それらの掟や教えは、家々を守り抜く力でもあり、生命でもあった。ことに、系統にかかわらず、世襲になじまず、力をもって自家の前途を開拓することによって、世を率い国を治めんとした武士の家においては、家法や家訓は、なくてはならぬものであった。かの大宝令によって制定された律令格式も、平安時代の末になると、およそ死法となってしまって慣例法というものがこれに代わるようになった。そして、武士の発生とともに、この慣例法は、武家の間にも一つの新たな法律として発達した。

鎌倉時代になって、幕府は、こうして発達してきた慣例法の不備な点をさらに補い、その形を整えるために、「御成敗式目」五十一箇条を制定し、その後、「新編追加」「弘安式目」などによって欠を修補したのである。この「御成敗式目」は現行法として室町幕府によって継承されたが、応仁の大乱以後、いわゆる戦国時代となるにつれて、大名豪族割拠の形成は、さらに「御成敗式目」を基準として、その家々によって独自の法度《はっと》・掟・置目《おきめ》の類を生じたのである。

武家家法の多くは、この時代に出現している。周防の大内氏における「大内氏壁書」、肥後の相良氏における「相良家壁書」、駿河の今川氏における「今川家かな目録」、甲斐の武田氏における「甲州法度之次第」、阿波の三好氏における「新加制式」、近江の六角氏における「義治式目」、下総の結城氏の「法度百四箇条」、陸奥の伊達氏の「塵芥集」、土佐の長宗我部氏の「長宗我部元親百箇条」などが、これである。そうして、これらの家法と相まって、その法規の運用に便し、実際的の効果をおさめるに役立ったものが、家々の家訓である。

家訓とは、家中の教訓という意味で、成文として伝わったものと、そうでないものとがある。要するに、その家の中心となる人物、すなわち、主人公が、その子孫や同族や家臣のために、その家に伝わった教訓を説きさとしたものなのである。家法と同様の形式を備えたものもあるし、一通の書状の形をとっているものもある。また、遺言や談話として語られ、それが筆記されて、記録となって伝わったものもある。つまり、お小言《こごと》の手紙のようなもの、それも家訓である。また、掟書と題する、いわゆる家法の中に家訓のまじっているものもある。それも、考えようによっては、家訓である。

こんなわけで、わが国の武家の家訓にはさまざまなものがある。それは、武家時代全般を通じて、かなりな数に達している。本書では、その中でとくに目ぼしいもの、由緒の正しいもの、一般世人にとって、有益な教えとなりそうなものをひろってみた。

武将の家訓の中で最も古いものは、北条重時の家訓である、といわれている。

北条重時の家訓は、鎌倉時代のもので、鎌倉幕府の執権北条義時の三男重時が書いた家訓である。「極楽寺殿御消息」と題するものと、「六波羅殿御家訓」と題するものと、二種類あるとのことである。主として、主従の関係、家督問題、朋輩に対する心得、下僕の使い方、婦人を尊重すべきことなどを説いて、重時の子の長時や時茂・義政・業時などに与えたものである。相当長文のものであって、日常生活の細かなことにたちいって、懇切に教えさとしている点、わが国における武家の家訓の代表的なものといって差し支えあるまい。

吉野時代になっては、菊池氏の家訓がある。菊池氏の家訓では、菊池武重の家訓と、その弟の武茂の家訓が有名である。武重は、勤皇家として知られた肥後の国の豪族菊池氏の第十三代の当主であって、有名な武時の子にあたる人物である。彼の家訓は、延元三年七月二十五日、肥後の国の鳳儀山聖護寺の八幡宮に奉納したもので、三箇条からできている。弟武茂の家訓も、また、聖護八幡に奉納したもので、同年八月十五日の日付があり、これは八箇条からできあがっている。これらの菊池家訓は、要するに、朝廷に仕える武士として臣道を尽くすことによって、家名をあげ、純忠義烈の精神に生きんことを説いたもので、勤皇の家菊池氏の家訓として恥ずかしからぬものである。ちなみに、武茂の家訓は「史徴墨宝」や「日本教育文庫」にも収めてある。

なお、この時代の武将の家訓として、「等持院殿御遺書」「新田左中将義貞教訓書」などというものがある。前書は足利尊氏の遺訓、後書は新田義貞の教訓を書いたものとして伝わっているが、いずれも後人の仮託の書であって、とるにたりない。両書ともに「日本教育文庫」に収めてある。

室町時代の武家の家訓として世に知られているものに、「竹馬抄」というものがある。これは、「群書類従」の雑部第四百七十五巻に収められており、室町幕府の柱石であり、三代将軍義満の管領《かんれい》として治績をあげた名将斯波義将の著作として知られているが、岩橋小弥太先生の高説によると、後人の偽撰であろうということである。そのくわしい考証は、「歴史地理」の昭和十二年十二月号に載っている。したがって、この「竹馬抄」は、「群書類従」の外、「日本教育文庫」「武士道叢書」「日本国粋全書」などにも収められて、定評のあるものであるが、学問的な立場から、ここには削除したい。

室町の末、戦国時代になっては、まず、朝倉氏の家訓がある。朝倉氏の家訓には、朝倉敏景の家訓と、敏景の孫朝倉宗滴の家訓とがある。朝倉氏は、敏景の時、室町幕府の管領斯波氏に仕えて、三家老の一として知られ、越前の守護となった。敏景の家訓は、「朝倉敏景十七箇条」という名で知られ、「群書類従」や「日本教育文庫」などに収められている。敏景は、神仏崇敬の念が深く、勤皇の志に厚かったので、この十七箇条の家訓にもその精神がよくあらわれている。また、治国平天下の道をきわめて具体的に、しかも現実に即応して説いた特徴がみられるし、敏景の孫朝倉宗滴の家訓は「朝倉宗滴話記」という題で伝わっている。

これは、一名「宗滴物語」ともいい、宗滴が十八歳より七十九歳に至る一生涯の実験談を基礎とし、これに細かい意見を加えて、いろいろと物語ったところを家来の萩原某が筆記したものである。全文八十三箇条よりなり、敏景の家訓と比べると、その形式も整わず、年代や記事が前後し、内容の重複したところも多いが、自己の体験を基として、大将たる者の心構えや、武者立ての秘法などを説いたところに、あくまでも実際的な戦国武将の面影が躍如としている。これは、「続々群書類従」や、「日本教育文庫」に収めてある。

戦国時代の家訓としてなお有名なものに、上杉定正の家訓がある。これは「上杉定正長状」という名で伝わり、前田家および越後の定正院に写本があり、「日本教育文庫」にも収めてある。上杉定正は、関東管領の執事上杉持朝の三男で、扇谷上杉家を継ぎ、有名な太田道灌を登庸して善政をしき、大いに治績をあげた武将である。

この家訓は、三十余箇条からなる長い文章のもので、彼が五十一歳を一期として、山内上杉顕定との激戦に陣歿する四年前に、一子余五郎の後見役と定められた曽我祐重に宛ててしたためたものである。その内容は、戦場における駈引きのことから、学問文芸に関することや、当面の領内政治・外交問題などの広い範囲にわたって、その注意の行きとどいていることは驚くほかない。日付は福徳元年三月二日となっている。福徳というのは私年号であり、福徳元年は、すなわち、延徳二年にあたるものである。この定正の家訓は、単なる家訓でなく、戦国武将の遺言状でもある関係から、拙著『戦国の遺書』の中に、全文を掲載し、詳細な解説を加えておいた。したがってここには省略しておく。

次に、甲斐の国の武田氏の家訓としては、武田信繁の家訓がある。信繁は、武田信虎の次男で、有名な信玄の弟にあたる武将である。この信繁の家訓は、有名な「信玄家法」の下巻の九十九箇条に相当するものであり、従来、上巻五十七箇条とともに、信玄の制定したものと見なされていたが、近年、研究の結果、信玄の弟信繁がその子信豊に与えるために書いた家訓である、ということが明らかになったのである。奥書によると、永禄元年四月の著作であるから、彼が有名な川中島の合戦に陣歿する三年前に書かれたことがよくわかる。「信玄家法」の下巻として、『甲陽軍鑑』によって伝えられ、「群書類従」や「日本教育文庫」に収められている。

次に、安芸の国の毛利家に伝わった家訓には、さまざまなものがあり、主として、古文書として、その原本が毛利家や吉川家などに秘蔵されているが、ここには、とくに毛利元就・吉川元春・毛利輝元の家訓の中で代表的なものを、おのおの一種を選んでおいた。毛利元就家訓は、元就の自筆になる遺訓であるが、臨終のさいに書かれたものではなく、弘治三年、すなわち、元就が死歿の十余年前に書かれたものである。全文十数箇条からなり、隆元・元春・隆景の三子に対して、胸の中をうち明け、毛利家の前途を心配して、兄弟姉妹がお互いに睦び合い、亡き母への弔いの孝養を怠らず、一家同族力を合わせて外敵にあたれと説諭し、また、神仏を信仰すべきことを教えている。

なお、この元就の遺訓と同じ日付で、さらに長男の隆元だけに与えた家訓もあるが、その内容は、三人の息子に宛てたものと、ほぼ同様である。元就の家訓としてはこのほかに、とくに三男の隆景だけに与えたものも遺っている。それは、家中を円満に治めるための、主人の心がけについて説いたものである。元就の次男吉川元春の家訓としては、その息子の経言に与えたものがある。これは天正九年に書かれたもので、当時二十一歳の若殿であった経言に対して、日常の嗜《たしな》みについて、細かい批評を下し、注意を与えたものである。

当時の武人は、戦場における駈引きや武芸にさえ巧みであったならば、それでよいとしたのではなく、日常の心がけに重きをおき、家庭の訓えを本として、武人である前にまず、嗜みの深い人間であらねばならぬ、といった点に力を入れていたことがわかる。毛利輝元の家訓は、元和二年七月、すなわち、大坂落城の翌年に、その娘に与えたものである。すなわち、輝元の娘が一族の吉川広正と祝言の儀式をあげるにあたって、これを教訓し、武人の妻としての心がけを説いたものである。

相模の国の北条氏の家訓としては、北条早雲の家訓と、その子氏綱の家訓とがある。早雲の家訓は「早雲寺殿廿一箇条」と呼ばれ、二十一箇条からできている。武家奉公の心得を説き、武士というものは平常どのような心がけで殿様に仕えねばならぬかを教えたものである。「群書類従」や「日本教育文庫」に収めてある。氏綱の家訓は、天文十年五月二十一日、すなわち、彼が死ぬ二ヵ月前に、その子の氏康に与え、武将の心がけを説いたもので、五箇条からできている。これは、宇留島常造氏の所蔵である。

九州における戦国武将の家訓としては、島津氏の家訓がある。

島津氏の家訓は、薩摩の国の島津氏に代々伝わった家訓であって、それには、まず、有名な、島津忠良のいろは歌の家訓がある。すなわち、彼がいわゆる日学を世に広めるために、その精神を四十七首の平易ないろは歌謡によってあらわそうと試みたものである。それから、忠良の子貴久が天文八年に定めた十箇条の掟書がある。次に天正十四年に貴久の子義久と弟家弘が連名で発した掟書が五箇条、義久ひとりの名で出したものが二十箇条、慶長二年に義弘ひとりの名義で発布したものが十八箇条ある。さらに義弘の三男家久が慶長四年に定めた六箇条の掟書、義久・義弘・家久の三人が連署で出した十五箇条の掟書がある。そうして、最後に、島津家二十代の主綱貴が元禄十五年に次男の又八郎に与えた教訓状がある。

近世三大政治家の一人である織田信長の家訓としては、木下藤吉郎の女房に与えた訓戒状や、佐久間信盛父子を折檻した際の状などがあり、いずれも信長の性格を如実にあらわした、すこぶる興味深いものである。前書は俗に、剝《は》げ鼠《ねずみ》の朱印状とも称し、秀吉の正妻北政所の婦徳を賞揚し、悋気《りんき》を戒めたもので、名将信長の女性観をうかがうに足りる。後書は、家臣佐久間信盛およびその子信栄が武道に欠けるところのあったのを叱責したものである。

豊臣秀吉の家訓としては、一族や家臣に与えた訓戒状がある。一族向きのものでは、甥の関白秀次、正妻の北政所、家臣向きのものでは神子田半左衛門、加藤光泰、佐々成政、大友義統、五大老に宛てたものがある。いずれも書状や朱印状の形式をとったもので、ある事件を動機として訓戒をたれたものである点、信長の場合と同様にとくに家訓と称すべきほどに内容および形式の整ったものでもないが、実際に即して微に入り細を穿ち戒めさとしたところに、かえって形式や理論を超越した価値が見出されるのである。

次に、秀吉に仕えた武将の家訓として、蒲生氏の家訓をあげる。蒲生氏の家訓には、蒲生氏郷の教訓状と、蒲生源左衛門の家訓とがある。氏郷の教訓状は、美濃の国の伊藤半五郎という若侍に宛てて自分の経験談をのべ、暗にこれを教訓した面白い手紙である。源左衛門の家訓は、氏郷の家老蒲生源左衛門がその子孫に与えた書置きであって、五箇条にわたって、武家奉公の心得を説いたものである。

蒲生氏の家訓に次いでは、黒田如水の家訓がある。如水の家訓は、とくに家訓としての形式を備えたものではない。彼が武士の心構えや奉公の心得などについて側近の者に語ったところを、側近の者が記録として書き伝えたものである。それによって、如水の日頃の教訓がどのようなものであったかがわかるのである。そのほか、現在如水の子孫である黒田家に伝わっている記録に、「家中間善悪之帳」と題する覚え帳がある。これは如水が家臣の間の仲の良い者と悪い者とを区別して、自筆でその姓名を書きつらねたものである。これによって家来の間の和合ということについて、いかに彼が心を用いたかがわかるのである。

秀吉の御小姓の出身である加藤清正の家訓としては、武家奉公の道を説いた七箇条の教訓書が伝わっている。これは比較的短文のものであるが、侍たるものの平素の心がけを具体的に指示し、その生活の一々に対して、懇切な指導を与え、武道の本義は忠孝一本にあり、その理を悟るためには学問に精を入れねばならぬ、と説いている。

徳川家康の家訓としては、「東照宮御遺訓」、「東照宮御遺訓附録」などと称するも信ずるに足りない。「人の一生は重き荷を引きて坂路を登るが如し」というのも人口に膾炙《かいしゃ》しているが、やはり、後世の創作にすぎない。家康の遺訓というのは、種々な記録に断片的な逸話として伝わっている。それらの逸話を総合すれば、その波瀾曲折の生涯を堪え忍んできた彼独特の尊い教訓を汲みとることができるのである。

江戸時代における武将の家訓としては、前田利家・同利長の遺訓、黒田長政の遺言、土井利勝の遺訓、立花立斎家中掟書、細川幽斎の教訓歌、藤堂高虎の遺訓、戸田氏鉄の家訓、板倉重矩の遺書、井伊直孝の遺状などがある。しかし、この中で、遺訓と称するものは、拙著『戦国の遺書』に全文を掲げ、解説を付したし、細川幽斎の教訓歌は、拙著『細川幽斎』の中で、紹介したはずである。また、その他のものは、「日本教育文庫」でその本文を見ることができる。「日本教育文庫」には、このほかに、同時代の大名の家訓や、国学者や儒者や故実家のあらわした武訓などの類がたくさん載っている。

しかし、ここでは、武将の家訓という建て前から、そうした著作について一々解説するのは本意でないからそれをやめ、最後に、江戸時代における武将の家訓の代表という意味で、徳川光圀がその子綱条に与えた教訓状を紹介することにしたのである。

これは、光圀が綱条に言い伝えた教訓を、家臣の安積覚が筆記したもので、十箇条にわたって殿様に対する教育方法を説いたものである。内容も実際に即し、結構な教訓状といえよう。

わが国の武将の家訓には、だいたいこのようなものがあると思ってほしい。それで、これから、目次に示したように、便宜上、十四項目二十六節に分けて、その一々について説明することにしたい。一般教養向きの読み物たらしめる考えから、とくに原文の引用は全く避け、原文を口訳して掲載し、通俗的な方法ではあるが、どこまでも由緒正しい古典の味わいを深く汲みとっていただくようにした。この点が本書の特徴といえばいえるのである。

北条重時の家訓

ってよかろう。

北条《ほうじょう》重時《しげとき》の家訓は、鎌倉時代における武将の家訓として、現在に遺っている唯一のものであって、わが国の武将の家訓としても、まず、最古の部類に属するものといってよかろう。

北条重時は、有名な鎌倉幕府の執権北条義時の三男（一説に四男）で、つまり、泰時の弟にあたる武将である。建久九年に生まれ、修理権亮や駿河守などを経て、寛喜二年、三十三歳の時に、鎌倉をたって上洛し、六波羅探題として、京都にとどまること十八年、この間に相模守に任じた。宝治元年、鎌倉に下向して執権北条時頼の連署となり、建長元年に陸奥守に任じたが、康元元年には、覚念上人を戒師として出家し、極楽寺の別業に歿した。時に六十四歳であった。

重時の家訓には、「極楽寺殿御消息」と題するものと、「六波羅殿御家訓」と題するものとの二つがあるとのことである。桃裕行氏の研究によると、前者は、普通に「平重時家訓」と呼ばれているもので、前田家の所蔵、その影写本は、東京大学史料編纂所に架蔵せられ、刊本としては、「日本教育文庫」の家訓篇に収められたものがある。後者は、天理市天理図書館の所蔵で、近年重要美術品に指定せられたが、その本文はまだ公にされていないとのことである。

ここに問題とするのは、前者の方であって、すなわち、「極楽寺殿御消息」と題する方である。これは全文百箇条からなり、仏教的色彩に富んでいる点から考えると、おそらくは、重時が出家して極楽寺と号した後に書かれたものであろう。この家訓は、いったい誰に与えたものであるかというと、重時の子の長時や、時茂・義政・業時などに与えたもので、そうした点からいえば、要するに、当時の上流武家社会の公達《きんだち》に宛てて、将来履《ふ》み行なうべき武将の道を教えさとしたものにほかならないのである。原文は、仮名書きであって、意味の取りにくい点も多いので、次に全文の口訳をかかげることにしよう。

そもそも、口に出して語るのも無駄なようではあるが、人がこの世に生をうけて、親となり子となるのは、前世の因縁がまことに深いからだ、といわれている。考えてみると、世の中の出来事はすべて儚《はかな》いものであって、夢の中でさらに夢みているようなものである。昨日見た人も今日はあの世へ旅立ってしまったり、今日ある人も明日の命が覚束《おぼつか》なく思われ、息するたびに人の寿命は縮まって行くのである。朝でた太陽も夕べには山の彼方へと沈んで行き、夕暮れより浮かんで見ゆる月の影も明方よりは薄れて消え、咲き誇って見える花もやがて吹く風を待っては散って行く。そんなことから考えてみて、姿あるものの滅び行くのは、人間のみならず、万物に共通したところであろう。

それゆえ、年老いたる親が先だって、年少の子どもが残るのは、当然のことといえるけれども、若きが老いに先だつ例もあって、老人が必ずしも若者より早く死ぬとも限らず、思えば若き命とても頼みがたい浮世の習いである。人生は必ず死するものであり、空しく死んで行ったならば、生き残った者から思い慕われることもあろうはずがなく、生前の心を嗜み深く持って修養しなければならないわけである。このようなことについて、面と向ってゆっくりお話しする機会もつい見あたらず、ありふれたように書き記して差し上げる次第である。つれづれなる暇に、よくよく熟読していただきたい。貴下以外の者に貸し与えて見せるようなことをしてはならぬ。

この際、生死のことについても、はっきりと覚悟を定めておかぬならば、たとい孝行をしたいと思っても、親のない後はどうにもしがたく、死別の後はたとい肉親であっても逢うことができない習いである。それだからたまたま生まれ会うことのできたこの時を、後になって偲ぶ思い出にもと考えて、申しのべる次第である。まず心に思い、身に行なうべき数々のことは、

一、神仏を朝な夕な拝し奉り、祈念の心を忘れぬようにありたい。神様は、人が敬うことによって、霊験あらたかとなり、人は、神様のお恵みによって運命を開拓することもできるのである。それゆえ、神仏の御前に参っては、今生《こんじょう》の身を保って立ち働く間は、正直の心をお授けくださるように、と祈るがよろしい。そのいわれは、今生の身の人である以上、何かにつけて用いられるものであって立派な働きをするならば、後の世に生まれて、必ず西方浄土へ行かせてもらうことができるのである。心を正直に持って、努めて立派な行ないをするように、よくよく思い習わしてほしい。

一、奉公や宮仕えをすることがあるならば、百千人の多人数の者とそれぞれ気安くまじわるようなことをせず、ただただ、お仕え申す主人の御事のみ大切に思い給え。主の御為には、命をも、いかなる宝をも、惜しむではない。たとい、主人の御心が鷹揚で、わがことについてなんらの御配慮がなくとも、必ずや神仏は御加護下されるものとお思いなさるがよろしい。宮仕えをしていても、他家

のことを思わず、わが身の行ないと思って、事をなされたい。誠心誠意の宮仕えもせず、主人の御恩に与《あずか》ろうと思うのは、ちょうど、舟無しで海を渡ろうとするのと同様で、無理の願いといわないわけにはいかないのである。

一、御出家の人びとを悪口するようなことがあってはならぬ。御出家に対して、愚かに思ったり、悪しざまにいうことは、仏の御身体に疵《きず》をつけるようなものだ。また、仏の御教えを軽んずるのは、仏の御心にそむく者であって、それらは、いずれも二世にわたって哀れな運命に陥る輩《やから》といえよう。つまり、現世においては、それを人から聞かれては、無道の者よと罵《ののし》られ、来世においては、地獄へ落ちて鉄の火箸《ひばし》で舌を抜かれる苦痛を招き、再び浮かび上がることができぬという。迷わず、ただただ一途に、仏を尊び、出家を重んじたがよい。自分だけでなく、親類や子どもまでも、すべて無礼なことがあってはならぬ。いかに粗末な僧侶であっても、それに対して、善悪など、とやかくいわず、生身の仏と思って、礼拝すべきである。そうすることこそ、善を好むの人といえよう。よくよく信仰に身を入れたいものである。

一、親の教訓に対して、かりそめにもそむくようなことがあってはなりませぬ。人の親としてたとい、どんな者でも、わが子悪かれと思う人は決してない。つねにその子の良きように願うものであるが、その親心を汲む子心は稀である。誰しも、このことは、心静かに胸に手を当てて、よく思案せねばならぬところだ。もし子どもの身となったならば、どんなにか親の心は歎かわしいことだろう。こんなにして、親に心配さすのは、不孝の子といってよかろう。それに引きかえ、良い子どもを見ては、その親の心はどのようにか嬉しいことだろう。とにかく、親の心を喜ばすのは、孝行というべきだ。たとい、親のいうことが、どのようなことであろうとも、年の寄られた親の口から出る言葉は、よくよく心を鎮めて聞きなさい。年も老いて衰えてくると、再び幼くなるということだ。その髪も雪のように白くなり、顔にはしわが波と寄り、腰は梓弓《あずさゆみ》のごとく曲がり、姿を鏡に映すならば、昔の面影さえもとどめず、かつての人とも思われぬ有様となる。たまに訪ねて来る人はあっても、愛想もなく、すぐに帰ってしまい、進んで訪れて来る人もない。そんなになってくると、心も昔と変わって、聞いたことも忘れがちとなり、見たことも記憶に残らず、喜ぶべきことも怨《うら》んだり、怨むべきことも喜んだり、とにかく、普通の人ではなくなってくる。これは、みんな老いたる人のならわしである。この点をよくよく心得て、年寄った親の御言葉は、憐みの心を先にして、決してそれにそむくようなことがあってはならぬ。そのようになられてからは、過ぎ去った過去は長かったが、行く末は短いことであるから、今後どれだけ生きられるかわからないものと思って、よく従い申さねばなりませぬ。そうして孝養をつくしておくならば、自分が老いてのちは、思いあたるふしも多いことだろう。親のいわれるお言葉に対しては、どうしてもできないことならばともかく、自分の身にできることならば、なんでも従いなさい。それが今生の名残りのお言葉となるやも知れず、そのお言葉に従わずに、死んでゆかれたならば、その時になって後悔することも多いだろう。

一、人とまじわってゆくには、老いたる人をば親のように思い、若い人をば弟のように思うがよろしい。また、幼い者をば子と思い、粗末に扱ってはなりませぬ。また、自分よりも若く幼い者を弟のように思えといったとて、決して無礼な振る舞いをしてはならぬ。過ちを赦す心を持っていとしめ、という意味である。

一、楽しい折に際会しても、わびしい折に際会しても、無常の心持ちというものを忘れてはなりませぬ。それについて、いかにして楽しくなったか、何ゆえにわびしいかなどと、因果の道理を考えてみるがよい。生死の常ならざることを思い定めておくがよい。

一、大勢の人たちといっしょに坐り込んでいる時、茶菓子などが出された場合に、自分もそれを取って食べるように振る舞っても、わざと取りはずしたふりをして、他の者にたくさん取らせるがよい。が、それも人の気付かぬようにしてほしい。

一、お客に対して、料理など出す場合があったならば、人に差し出す分よりも、自分に多くするようなことがあってはなりませぬ。さればといって、ことさらに少なくするのもわるく、程よろしきを得なくてはならない。

一、長押《なげし》の面に竹釘を打ってはならぬ。畳のへりを踏んではならぬ。また敷居の上に立たぬようにし、囲炉裏《いろり》の縁《ふち》をまたいではならぬ。そのようなことは、人に対しても、世の中に対しても、慎みはばからなければならぬことである。

一、お酌をする際には、三足ばかり手前で膝をついて進み、お酌をしたならば、三足退いて、膝をついてかしこまるがよい。狭い座敷とか、女房たちの前では、とくに注意してもらいたい。

一、道を歩いていて、身分のある人に出会った時には、まだあまり近寄らないうちに道を譲るようにせねばならぬ。また、たとい身分の低い人であっても、なるべく譲歩するようにするがよいが、ただ、とくに便利が悪かったならば、その時の都合のよいようにしてもいい。ことに、荷を引いた馬とか、女子どもなどに対しては、時に応じ、ひきよけても通し、馬に乗っている際は、下りても通すがよい。その注意を怠ってはならぬ。

一、女房たちが忍んでいる部屋などは、その付近を通過する際に、ふり返って見ないようにし、万一見ても、見ぬふりをするがよい。ひき連れる下部の者に対しても、この点を固くいいつけておくがよい。

一、道理の中に非道理なことがあり、また、非道理の中に道理に適《かな》ったことが含まれているものだ。この点をよくよく心得ていてもらいたい。道理の中に非道理なことがあるというのは、わが身にとってどんなにもっとも道理のあることがらでも、そのために一生の不幸を招くほどのことはなく、それを意地ばって通すことによって、他人が生涯の不幸を招くというような事柄があるとするならば、そのような道理を通して、自分のことばかり考えるのを、道理の中の非道理というのである。また非道理の中に道理に適ったことが含まれている場合があるというのは、たとえば、人の命を取りあげることは、非道理な事柄と見なされているが、命を取っても差し支えない者の命を助け、赦してやるようにする。そういう場合はこれを、非道理の中の道理というのである。かように心得て、世の中をも人民をも救済するならば、それを見る人、聞く人は、感化を受け、また助けられた人の喜びはいかばかりであろう。たとい、そのさい、人に知られなくとも、また、喜ばれなくとも、神仏のみは御照覧なされて、今生のわが身をお守り下され、後生《ごしょう》をもお助け下さるのである。

一、できるだけすなおな心になって、人の教訓を聞き容れるようにしなさい。教訓として物語るほどの事柄は、すべて悪い意味のものであろうはずがない。だから十人の者の教訓に従うならば、良いことを十もすることになり、また、百人の者の教訓に従うならば、良い事柄を百する結果となるのである。そのような点を考えてであろう、孔子ほどの聖人も、千人余りもの弟子をもって、いろいろと問答をなされた、ということである。人の教訓に従うのは、他人の言を受け容れることであるから、自分の心は水のようにしていなくてはならない。古い言葉にも、「水は方円の器にしたがう」とあって、教典にも、聖賢の教えとしてくわしく説かれている。くれぐれも人のいうことをよく受け容れ、教訓につき従うようになされよ。

一、自分でお読みなされなくても、経書とか教訓書などの書物は、文字をよく知っている者を招いて、読み講じさせ、側にいてそれを聴くがよろしい。それがただちに身の知識とはならなくとも、そのようなこともたびたび聴聞しなかったならば、知恵もつかず、心も偏狭になってしまうのである。

一、身のよそおいをする際の注意として、どのような人からも、あまり汚《きた》ながられるようなふうをせず、また、身分の低い者にまじわっても、適当にして、かけ離れたようすをしてはならぬ。見苦しい身なりの人の中にいて、決して派手な身なりをしてはならぬ。心ある人から物笑いの種となるようなよそおいは、かたく慎むべきだ。

一、扇は、たとい尊い方から立派なものを賜わっていても、自分では、百文の金で三本も買えるくらいのものを持つがよい。

一、衣裳のことについても、いろいろと選り好みをすべきではない。同輩の人たちよりも差し出たようすをして、きらびやかな物を着てはなりませぬ。

一、馬は中丈より以内の馬に乗られよ。あまり大きなるものも悪く、また、あまりに小さすぎるのもよからず、程度よろしきを得なくてはならぬ。

一、力があり、持ち得る自信はあっても、あまり大きな太刀や、ことさら目だつ具足を、持ってはなりませぬ。他人から憎まれるようなことになるからだ。

一、身の振る舞いも、住むべき家屋も、持ち具足なども、すべて、地位や身分に従って、適当なるものを選びたい。身分に過ぎたことがあれば、人から煩わせられがちで、また、それを後々まで維持し全うすることはとうていできない。

一、傍輩の者などが、主人から見離されるようなことがあるならば、わが身の上のこととも思って、悲しむがよい。その人について、根も葉もないことを主人が仰せになるならば、適当に、良いように申し上げよ。強いてお言葉に反対して、後々まで心憎く思われるようなことがあってはならぬ。

一、人がうしろ暗いと思っているようなことを、決して口に出していってはなりませぬ。良い事柄はどこまでも喜び好み、人の悪いことは口に出してはなりませぬ。善悪のいずれかは知らなくとも、何事かをかくしているような人がいたならば、不安に思って、同情を寄せてやるのがよい。他人が自分の良いことをいってくれたと聞いては喜ぶかもしれないが、それをいわなかったからとて、なんの苦しみもないのである。

一、継母《ままはは》に対して、継子根性をいだいて、深く憎しみを感ずるようなことがあるならば、これまた、大きな過ちというべきだ。そのわけは、父は一家のうちでもっとも尊ぶべき方であり、その父の計らいによってなされた事柄に対して、子の身として、母をとやかくいったり思ったりすることは、父の心にそむくと同様になる。それゆえ、そのようにして、父の心にそむく罪は決して軽からざるものがあるのである。たとい継母に僻《ひが》んだところがあろうとも、女であるからには、さだめて何かのふしあわせなこともあるであろう。親の心に適うことは、神仏の御心に適うにひとしいのである。継母に対し、生みの母に対するのと違った考えをいだいてはならない。そんな気持ちをいだくことがあれば、まことに浅ましい次第である。くれぐれも注意して、穏便な気持ちで暮らしてほしい。

一、一時の腹立たしさから、下部の者を勘当して追い出すようなことがあってはならぬ。腹立たしい気持ちも治まり、過去の出来事といまの振る舞いとを比べて、いよいよもって改心の気持ちがないようすならば、仕方なく勘当もせねばならぬだろう。ただ腹立ちまぎれに事を処理したならば、後悔せねばならぬのである。

一、自家の下部と他家の下部が争論するようなことがあり、その原因にだいたい同じ程度の理由があったならば、自家の下部が悪かったのだと思い定めるがよい。人を裁くのに都合の悪いことがあるならば、後に第三者とも相談せねばならぬ。人にも相談せず、直ちに決定して、善悪を判別するようなことをしてはならない。

一、自分を敬《うやま》う下の者がいるならば、その者以上にそれを敬ってやるがよい。また、自分を敬わぬ者だからといって、敬ってやる心を捨てるのはよくない。人の心というものは、本心は誰しも変わらぬものだから、自分が敬って人から敬われぬようなことがあっても、恩を仇で報いる憐むべき輩と考えて、一層それを敬ってやるがよい。

一、乱れ遊ぶ時、平常おとなしい人が気分をゆるして自由な振る舞いをするからといって、いっしょになって狂い廻るのは、浅はかなしぐさである。よく心得て、そんなことのないようにせねばならぬ。鵜のまねをする烏は溺れ死ぬる道理で、むやみに人真似をすることは厳に慎むべきだ。狂い遊ぶことがあって、いかに酒に酔っていても、自分よりおとなしい人がいる前では、着物の乱れにも注意して直すようにするがよろしい。いかに騒がしく振る舞っても、精神だけはしっかりと保って、落度のないよう注意するが肝要である。

一、他人の家へ行った際には、どこかに穴があいていて、そこから人がいつもながめていると思って、挙動を慎みなさるがよい。怪しげにながめわたしたりするのはよくないことで、身の用心を十分して、油断があってはならない。

一、人の親か子どもか、また、男でも女でも、あの世へ旅立たれて、悲しんでいる家があるならば、その家の近くにいて、遺った人びとに聞こえるように笑うことは、決してならぬ。悲しみは誰でも同じことであるから、同情してともに歎き悲しんでやるほどの心を持ちたいものである。

一、傍輩の人たちと馬の早駈けをする場合に、人数が少ないときには五騎くらいずつ、多い時には三騎くらいずついっしょになって進むのがよい。が、それも、臨機応変にやるがよい。

一、騎馬駈けの場合、普通の人は半町くらい試みるがよい。それももちろん、臨機応変にやるのがよく、夜道や山道にかかった際には、とくに用心が必要だ。その時には、ただ主人の下知に従われよ。

一、卑賤の者でも、道端にたくさん出ている時には、挨拶の一声もかけてやるのがよい。そうしたからとて、少しも損はなかろう。卑しい者どもから、かれこれいわれるのは、なんとしても残念ではないか。

一、殺したからとて、自分らになんらの利益もない生き物の命を、むやみやたらに殺してはならぬ。生き物の姿を見ては、それがなんであるにかかわらず、憐みの心をもって接してやるのがよい。たとい小さな虫けらでも、命の惜しい点では、人と変わらぬものである。わが身にかえても、生き物を助けるようになされたい。

一、わが身の所用はこらえても、人の用事は聞き届けるがよい。また、人に用事を命ずるには、なるべく差しひかえて、是非のない用件以外には人を使わないようにしたい。別に忙しくなさそうな人に対しても、遠慮して斟酌《しんしゃく》することを忘れてはならぬ。しかしながら、あまりに殊更らしく振る舞うと他の者も用事をいってこなくなり、面白からぬことになる。それゆえ、よくよく思慮をめぐらされよ。大きな用事であっても、人から頼まれたことは、よく聞き届け、自分はなるべく人に小さな用事を頼むようにしたい。

一、上位の御方から所用を仰せつけられた際は、用事を仰せ下されたことを嬉しく思って、すぐに行なうようにしたい。

一、自分にとって心持ちのよい人によく振る舞い、悪い心持ちを抱かせる人に辛くあたるのは、非常に不満足な態度というべきだ。畜生の犬などは、可愛がられる人には尾を振ってなつき、反対にいじめられる人には逃げて吠えまわるのであるが、人と生まれた以上は犬などとは違い、自分に対して良い人にはもちろんのこと、悪い人に対してもよくあたるようにすれば、そのうちに、悪い人もだんだんと心を改めて行くようになるのである。もし、改心せず、そのままの気持ちであっても、神仏は御憐み下されるし、また、それを見たり聞いたりする人は、同情の心を寄せるであろう。現世で人に悪くあたっておくならば、来世では反対に人から悪くあたられて、その因果には必ず応報ということがある。それゆえ、その因果の道理をよくわきまえて、悪い人にもよくあたるようにされたい。人から良く思われるならば、わが行末をよろこんでくれるし、人から悪く思われるならば、わが行末を恨まれるだろう。

一、人の教えやさとしには、つき従いなさるがよい。猿というけだものでさえも、人の教えにはつき従うものである。

一、人に用事を頼み、自分もまた人の用事を頼まれるがよいが、人に頼むには、急な出来事で余儀ないことだけを頼まなくてはなりませぬ。最初にこういったかと思えば、後になってまた違ったことをいったりしてはならない。あたかも商人が商売するように、はっきりした心を持つべきだが、それもまず人によっていわねばならぬ。つまり、接する人の心持ちによってのことである。また、人から物を頂いたり、役目などを仰せつかったりすることがあったならば、仰せに従う際に、よくその心持ちを推し量らなくてはならぬ。が、それも事によるので、その事によって注意もし、心を用いるようにしたい。

一、物を買う時には、必要な事柄は一度にのべるがよい。そして、品物が高すぎるなら、買ってはならぬ。しかし、それを口に出していうのは卑しいことだ。商人は商売によって生活しているのであるから、無理に値切って買うのは罪なことである。

一、人の心に見習うべきことがある。ある人がいて、その人は他人の用事を頼まれても決していとうことがなかった。また、財産を他人から望まれても惜しむことをしなかった。それゆえ、人が領地を欲しがるならば直ちに与えてやったという。やがてそのことが上の人にも聞こえて、召し出されて、そのわけをたずねられると、その人のいうには、前世において、人にわが用事をお願いして、いろいろとしてもらったので、今はそれを返すのだと考えると、少しの苦労もありませぬ。なんでもそのように思い、領地を与えるに際しても遠い昔の事を思ってみると、誰しも同じ祖先から出た親子兄弟の関係でない者はなく、また、将来を思うにつけても、誰を他人と称することができましょうか、人に容れられずに世に苦しむ者があるならば、同情せざるを得ません、妻子とも親類とも呼んで、助けてやりたいのです、と答えている。この心など、とくに見習いたいところである。

一、悟りを開いた境地に到達するには、物に捉われぬ心が大切だ。他人のためにわが財を惜しまず、また、賢者であっても天下の要所に登庸せられようと気にかけたりなどせぬことが肝要である。つねにこのような心でいられたい。

一、よく心得ている事柄であろうとも、大切なことは、しかるべき人にたずねてからなすようにしたい。古い言葉にも、知っている事柄も工夫して行なうのを礼という、とある。

一、何事につけても、良いことがあれば、次にまた悪いことも起こるもので、その点をよく考えて、悪いことの起こらぬ先に注意することが肝心である。また、悪いことがあれば、次には良いこともあるはずだと思って、心を慰めなさるがよい。生まれ出る喜びがあれば、また、必ず死する悲しみがあり、悲喜はこもごも到来するのである。昔の塞翁《さいおう》という人は、この意味をよく知って善悪禍福に対する心構えを定めた賢い方であった。これは、未来に対しても同じことである。

一、年齢によって、その振る舞いに注意すべき点をいうならば、まず、二十歳くらいまでは、何事によらず人がやるほどの芸能は嗜んでおくがよい。三十から四十五十くらいまでは、主人に忠節を尽くし、また、家来をはぐくみ、身の修養をも怠らず、心を正しく持ち、内には仏の教えを保ち、正道を践《ふ》むことに心がけねばならぬ。正道というものは、天下を治めるほどの人でも、お互いに夫婦となって暮らしている人でも、正義の心の強い人以外にこれを望むことは不可能である。

次に、六十にもなれば、何事をもうち捨てて、一度唱えるたびに後生一大事ということを祈願して念仏を唱えるがよい。それくらいの歳になれば、たとい子が亡くなり孫を失っても、浮世の無常に気を落とすことなく、ますます道のために努力し、われわれはこの世にないものだと覚悟して、すべての煩悩を思い切りなさるがよい。親のことを思い、子のことを思っても、無常の風にひとたび誘われた人は、再びこの世へ帰って来ることはないのである。思えば、まことに恐ろしいことではある。地獄の苦しみも、この世では想像してみるだけで、目のあたり見るほどの恐ろしさもないが、実際に地獄へ落ちて大苦悩に陥るならば、いう言葉もなく、その悲しみはいかばかりであろう。後世の子孫のためにも、そのようなことになってはならぬ。

一、罪を犯してはなりませぬ。世の中の譬《たとえ》にも、「一寸の虫にも五分の魂」というのがあって、取るに足らぬ虫けらさえも、命を惜しむことは、われと異ならないのである。たとい、貴人の命令で鵜飼や鷹狩や魚取りなどをするようなことがあっても、くれぐれも悪心を持つことなく、御仏《みほとけ》の御憎しみを蒙らないように心がけられたい。また、他人から煩わしく思われたり、悲歎に陥れられたりするようなことがあってはならない。悲歎に暮れる事柄とは、たとえば、他人に危害を加えることで、作りものでも、少しも損ずるようなことをしてはならぬ。報いというものは、必ずその子孫にも及ぼされるものだ。今生のわが身にも報いとしての苦しみは来たり、後生においても罪となるゆえ、決して悪事を行なってはなりませぬ。

一、人の胸のうちには、蓮華の花があって、その上に御仏が在すものである。それゆえ身心は清浄に保ち、朝起きたならば手や顔を洗い、心を清め、かの御仏に御祈り申すべきである。精進のものを食べないで、一にも二にも魚鳥などを食べてはならぬ。肉食をすることは実にあさましい次第だ。ことに、魚は親子兄弟の肉にもひとしいものであるというから、決して魚類の肉を好んではなりませぬ。また、六斎日とか十斎日とかの仏事を行なうべき日には、ことにもろもろの御仏も御照臨あらせられて、人の罪業の善悪を御覧なされる日であるから、その日の食事はとくに精進潔斎し、神仏に御奉仕申し上げなくてはならぬ。御出家の方はいつも怠らないことであるが、このような日は、とくに在家の者のためにおかれたとお思いなさるがよい。

一、仏法を尊び、心を正直に持つ人は、今生も恙《つつが》なく、死後も極楽へ参ることができる。立派な親の子どもが天下にあげ用いられるようなものである。それは、おのれの力ではなく、神仏の御加護を蒙っているためである。すべて弓矢取る身を初め、その他の身にとっても、名をあげ徳をあらわすには、正直の心を基とするほかない。正直な親の子どもは、その親のお蔭で人にもよくいわれ、諸人から仏法にも適うお方だと考えられるのである。それゆえ、子孫はますます繁昌するもので、人の喜びとしてこれに過ぐるものがあるであろうか。世に仏法が盛んになれば、すべてのことが正しく行なわれ、これに反して、仏法の衰えた末の世には、すべてが破滅に終わるものである。神仏はいやしくも人を悪くしようなどとは思召《おぼしめ》されない。それに反して、天魔は人のためによくしようとは決して思わぬものである。されば、善業悪事の因果によって、子孫が繁昌もし滅亡もするのである。古い言葉にも、善悪の事柄がいかに些少であっても必ず応報の道理はある、とある。よくよく心得ていて、悪心に禍いされぬようにしたいものである。

一、経文の中に、女は仏になりがたいということが説かれているが、八歳の竜女を初めとして、その他数多くの女が仏となっているのである。女は、ことのほか惑い心の深いものであるから、念仏を繰り返して、来世のことをお祈りしたならば、極楽往生も疑いない。

一、女の身と生まれて心すべきことは、昔より今に至るまで、女はやさしく万事にわたってのびやかなる心を本としているのであるから、その点よくよく心得られたい。人を妬《ねた》むことは女にありがちなことであるが、これは、心が非常に狭いからである。一河の流れを汲み、袖の振りあうのも他生《たしょう》の縁、といわれている。また、一夜の短き語らいなりとも、前世の因縁がまことに深いことを物語るものであろう。かりそめに会う人なりとも、今を初めてと思って、軽んずるような心を起こしてはならぬ。人の縁というものは、実に不思議なもので、縁が尽きるならば、いかに前世よりの因縁があってほしいと望んだとて、所詮叶うべくもない。来たって会うのも、去って別れるも、すべて因果と心得たい。それならば、すべての因縁のみによって、人生も人の力でもっていかんともなしがたいか、と申すならば、それもやはり心がけいかんによるものであって、心がけのよろしき者には良き応報が来たり、悪き者よりは離れ行くものである。万事にわたって、やさしい心を示すならば、つれない男も恥ずかしく思って、いとおしむ心も深くなるものだ。

昔も今も、そのような例は多く、また、心がけのよいものは、縁が尽きて別れるようなことがあっても、別によい縁が早く見つかるだろう。どこに住んでも、何事を行なっても、やさしい人だといわれるような心こそ、最も望ましいことだ。そのような人には、神仏も御あわれみの心を垂れさせ給い、今生も後生もめでたく送ることができるのである。

一、人の妻となる女を選ぶに際しては、その心をよくよく見て、一人を決定しなければならない。かりそめにも、その他者を妻にして、本妻を偽るようなことがあってはならぬ。もしもそのようなことを致すならば、本妻からも怨恨を受け、果てはまことにあさましい出来事も起こるのである。そうなったならば、その罪は決して軽からず、必ず地獄へ落ちる破目となるものである。高僧などと呼ばれる人は、一生涯の独身をお守りなされたのである。一人の女に近づくことすら、修行の妨げとなるとされたからで、まして多くの女に近づくのは、どんなにか罪の深いことであろう。六斎日とか十斎日とかの御仏に対して斎戒をなす日には、決して女のことを心に思うてもならぬのである。この日に身持ちとなったならば、生まれ出る子どもは障害を持つようになると伝えられている。もし、その子が生まれ出たとしたならば、親に対してたいそう恨めしく思うに違いないのである。

一、神社仏閣の御前を通ったり、または、僧侶の御方などに行き会ったならば、馬から降りて礼をすべきだ。人を連れていたり、また、合戦の場所などで、非常に都合の悪い折には、片方の足を鐙《あぶみ》からはずして、鞍《くら》の上に伏して、三度の礼をするがよい。それも、都合さえ悪くなかったならば、降りなさるがよい。

一、主人や両親やその他敬うべき人のお見送りをする際、そのお方の後影の見える間は、御前に在って奉公申し上げる時のように、その方へ向いてかしこまり、礼を尽くすがよい。その間に立ち居振る舞いをしたり、ことに、弓を用いるようなことは絶対にしてはならぬ。

一、人と道で行き会った場合には、急いで弓を持ち直して、うやうやしく左手に引き寄せて、礼をするがよい。同輩の者と会った時ならば、弓を手から離していても、あわてて持ってはならず、うやうやしく礼を交わすがよい。たとい身分の卑しい者であっても、見送りをしてくれるならば、馬をそちらの方向に引き向けて、ていねいに礼をするのがよい。卑しい者でも、帰る際には少し見送ってやるのがよく、とにかく、人よりも余計に礼を尽くすのがよろしい。

一、兄弟がたくさんいて、それぞれに親の遺産を分配してもらったならば、一家の主人となった者は、工夫し努力して、家中の者を安穏に暮らさせなくてはならない。その場合、恩に報いられようとする気持ちがあってはならぬ。自分が一家の者を扶持して行くように、両親もお考えになり、家を譲られたのもそのためであるから、一門の者をも、親類の者をも、はぐくみ保っていかなければならぬわけだ。そんなにするからといって、馴れ親しむのあまりに、無礼の振舞いをしてはならぬ。そうして、また、本家を敬い、一大事が起こったならば、何かの用に立つように忠実にせねばならない。それらはすべて神仏の御はからいであり、あるいは前世の宿縁があることと考えて、一族の中で有能の者は、その働きに応じてよいようにしてやったがよい。悪い者がいても、それを見捨てたならば、他人の誰が扶持してくれるだろう。肉親の者でとくに可愛がり憐んでやらなくてはならない。

一、長男以外の者として考うべきことは、いかにもその身は親から譲り受けたものであるが、扶持してくれる人がいなかったならば、宝に主がないようなものである。それゆえ、長男の恩を忘れてはならないのである。長男を、主人とも、親とも、神仏とも、思うがよろしい。たとい次男以下の身でもって仕官をしても、長男の兄のことを忘れなさるな。自分の出世ばかりを考えるようではならない。主人を兄上とも同じく考えて一向差し支えないのである。また、総領としては、弟たちの悲しみ事に対して冷淡であってはならない。古い言葉にも、父子兄弟夫婦が不和なれば仏も見放し給う、といっている。

一、自分の妻子が何事か申しのべる時があったならば、よくよく聞き届けなさるがよい。その際、僻《ひが》み言《ごと》を申したとしても、女子どものつねであるからと思ってこらえ、また道理のあることを申すならば、いかにももっともなことだと感心し、これから後も、このようにのべ聞かせてくれ、といっておかれるがよい。女子どもだとて、決して卑しむべきではない。天照大神様も女神であらせられるし、また、神功皇后も御后様であられ、しかも三韓出兵という大業をなされ給うたのである。なお、幼い者とても卑しむべきではない。老いたる人に頼ってはならず、また、若い者にも頼ってはならぬ。心を正直にして、君を尊崇し民を可愛がる者こそ、聖人と称してよいのである。

一、子の無い者の頼りない気持ちは、死後を弔われぬことはいうまでもなく、年を重ねるごとに浮世に暮らして行くことの淋しさを申し立てた人もあるくらいである。子が無くて後を譲るべき者がないからといって、限られた死の時期を延ばすことはとうていできない。それゆえ、今まで所持していた財産も宝も、みな神仏に寄進し奉るか、あるいは人に与えるかするがよい。欲深らしくそれを遺しておくべきではない。財宝をいつまでも所持していて、悧巧《りこう》そうな顔をしていても、地獄に落ちて行くならば、閻魔《えんま》の使いに導かれても逃げおおせぬ。年寄りとなっても歿後の冥福を願わぬ者を、神仏はことのほか御憎みなされるのである。

一、人に対して少しの罪あやまちをも犯してはならぬ。わが身を少し切ったり突いたりしてみるがよい。必ず痛みや苦しみを伴うはずだ。女などがよく口にする譬に、わが身をつねって人の痛さを知れ、というのが、まことに適切な言葉といえよう。

一、旅に出た際に、供の者にも馬にも、あまり重い荷物を持たせてはなりませぬ。ただでさえ歩むことは疲れやすいのに、重荷を持って行くならば、その苦しみはひどく、いかばかり悲しいことだろう。また旅につれて出た供の者が病にかかって困ることもあるから、そのような時に引きつれて荷物を持たせても、悲しんだり恨んだりせず、がまんする者だけを、つれて出かけるがよい。

一、人の許へ書状を差し出す時は、紙・墨・筆などを整えて、達筆の人に書かせるがよい。が、筆跡が立派だからとて、年が若くて文字も十分知っておらぬような者には、書かせることも遠慮しなければなるまい。また、悪筆でもって書き遣《つか》わすことは、無礼なしぐさというべきだ。また能筆の者がいても、とくにそれについてかれこれいわなくても、よくわかることだから、とくに披露して下さらないようになどというのは、慎みが足りぬことだ。能筆であっても、仮名と漢字との字の置き所を知らない者に対しては、斟酌してこれを用いなければならぬ。

一、所領を持たないで、代官を置こうとするのはよいが、代官を置こうともせず、ただ所領の広大なのを望んではならぬ。また、代官を置くとしても、それは、一人で十分である。

一、堂塔を建て、親や祖父の法事をする場合、たとい一紙半銭でも、他人に迷惑をかけるようなことがあってはなりませぬ。千貫二千貫の金がかかろうとも、それをなされるがよい。もしその際に、一紙半銭でも人が迷惑を蒙ることがあったならば、せっかくの善心も無駄となってしまい、人を弔ったとしても、やがては地獄に落ちる破目となり、今生のうちから悲しむべき死後の運命が予想せられるのである。ただただわが申す言葉によく従いなされて、善行をなされるがよい。日常の事についても、少しでも道にはずれたり考え違いをしたりするならば、神仏は御憎みなさるのである。ましてそのような仏法の事を行なうのに考え違いをするのは、ふとどきしごくといわなくてはならぬ。

それはちょうど、湯を沸かして水を使うようなものである。たとい、兄弟の者などが、われは親の法事はせぬ、そんな事は面倒だ、といったりするのを聞いたならば、それをたしなめて、そのような恨み言を申すでない、気持ちよくすべきだのに、なんという情ないことをいうのだろう、ことさらそれを盛大にしなくとも、型通りには心を尽くしてなさるべきだと、よくよく申し聞かせ、自分が身をもって範を垂れるならば、人びともももっともな事と、感じるであろう。善人の敵となるとも、悪人を友とするなかれ、という意味深い言葉もあって、悪心の者に対する戒めもあるし、また、長者の万燈よりも貧者の一燈、というい、真心の大切なことを説いた諺《ことわざ》もあるのだ。

一、どのように善行をしても、自分でそれをよくしたと考えたり、人にも優れていると誇る心を起こしたりするならば、天魔の家来にも等しい者となって、少しの利益もないのみならず、罪深きこととなって、悪業をする結果ともなるのである。

一、人について見るに、万事にわたって良い点ばかりの者はないのである。たとい一つでも良いところがあるならば、それでよしとし、人を選ぶに際し、あまり不平をいってはならぬ。自分の気だてについて考えてみても、自分で良いと思う時もあれば、悪いと思う時もある。人の心がどうしてそのまま自分の心にぴったりと当てはまることがあるだろうか。親類の者、子ども、召使いの者など、いずれに対しても、ことさらしくしばしば小言を申してはなりませぬ。もしも召使の者どもの怨みが重なるならば、ついにはわれを捨てて他へ走り、他家へ行って悪事などするようになる。その源はわれに十分罪があることで、聖人の好み給わぬところである。

一、何事であろうとも、勝負をして負けるようなことがあるならば、急いで後をつくろうがよい。われが勝ったならば、その時は決して図に乗ってはならぬ。が、つまらぬ勝負事は絶対にしてはならぬ。

一、目立って働きをあらわさない人が、熱心に努力していても、そんなのは、何か仔細があるものと思われよ。たとい取るに足らぬ働きをしていても、つねに人の後ばかりついていることはないものである。それというのも、心の上では熱心に働いているが、それほどの効果もあらわれ出ないのであって、それも思いがけぬ事柄に出会っては、案外役立つこともあるのだ。

一、人の事を請け合ったならば、急いで終了するように努めるがよい。たとい大した事柄とは思われなくても、努力しなければならぬ。もしそれが自分の力でどうにもできない事であったならば、そのわけをいって、よくよくお詫びしなくてはならない。

一、遊女や芸妓などに対し、たといそれが旅の者であっても、あまりになれなれしい言葉をかけて話してはならない。もし話をしなくてはならぬ場合となったならば、言葉も態度も普通一般のようにすべきである。何事もその度をすごすならば、恥も多い破目となるのである。

一、人びととともに宴席に遊女を招く際には、器量も悪く、衣裳も美しくないのを、招くがよい。美しいのを呼ぶと、人の心を奪われ、悪弊を生ずるものである。衣裳も器量も悪いのは、人の心を奪うことなく、したがって、弊害も生じないのである。ただかりそめの事であるから、美しくなくとも、なんの事もないのだ。また、そうした遊女の方でも、招かれて、さぞ嬉しいことであろう。

一、外出先からわが家へ帰る時は、不意に帰らないで、先に人を遣《つか》わして帰ることを告げさせ、また、蟇目《ひきめ》の矢を鳴らして知らせ、声を大きくかけて玄関に上がるようにするがよい。自分ひとりが帰る時も、そのようにするがよい。こうすることは、いろいろな意味において、都合のよいことが多い。

一、訴訟やその他の煩《わずら》わしい問題をも、よく聞き届けて処理するようにしたい。歎きにかき暮れている者は、自分のことを、思うようにのべるのも困難な場合が多い。必ず自分のほうに正しさがあると思っていたのが訴訟に負けたりなどすると、その歎きはいかばかりであろう。有力なる者にだけ荷担するのは真の賢者ではない。曲がった事をすれば罪科が多い。それを怖れるのも賢者であるが、また、身分が低くて無力な者に荷担するのも、真の賢者である。誰もそのような賢人を望んでいる。

一、物乞いの者がわが家に来たならば、型通りでもよいから、すぐに物を与えるがよい。たとい与えなくとも憐みの心をもって同情の言葉を与えてやるがよい。何物をも与えないで、邪慳な言葉を吐くようなことがあってはならない。物乞いのやって来るのも、仏の御指図と考えるがよい。

一、人に物を盗まれることがあっても、別に不自由をしないならば、表面に出さぬがよい。もしそれを盗んだ者が罪に陥ることがあるならば、その者の一生は滅んでしまうことになる。そうしたならば、わが身にもその因果は報いてくるのだ。

一、所領の田畑の事について、みすぼらしい身なりをして、恥じらいながら、ご相談がしたいといって、やって来る者がいるならば、これへこれへといって、上げてやるがよい。それが、たとい卑しい身分の者であっても、侮《あなど》ったものの言い方をしてはなりませぬ。やって来る人の位や身分によって、もてなしは違ってもよいが、ことに百姓の者がやって来た場合は、できれば酒を振る舞ってやるがよい。そのようにしてやると、同じ公の事であっても、喜び勇んで注進にもやって来るのだ。また百姓の下男でも、卑しみ侮ってはならぬと、いいつけておくがよい。

一、百姓たちがその畑で、なんらかの果物とか、また作物などを実らせているのを見た場合、特別に必要もないのに、それを乞い望んではならぬ。ふだん可愛がっておけば、ことかかぬほどに持って来てくれるであろう。しかし、とくに何かの出来事がある場合、必要ならば乞い求めてもよい。その際は、鄭重《ていちょう》な使いをやって頼むべきだ。百姓をいたわらず、無慈悲な所望などをするならば、後には無駄な事と考えて、作物を十分に作らなくなるものだ。そうなってくると、いざという時に、ことかかねばならないのである。百姓は十分いたわってやるがよい。そうすれば徳もあるというもので、罪を犯すことも少ないのである。

一、人の心の基とすべきところを、譬《たとえ》をもっていっておく。まず同じ夜でも、闇の夜を喜ぶ人はなく、月の光の美しく照らす夜を誰しも喜ぶのである。また、天候についてみても、曇った空が見たいという人はなく、とりとめのないような人でも、晴れわたった空を見たがるのが人情である。身分の卑しい女でも、明らかな日の光を尊び、曇らぬ鏡を望まない者はない。それゆえ、同じく人間でも、心の正しい人を尊ぶのがよろしく、心の曲がった人に親しみを感ずる人はないのだ。神仏の御恵みも正しい人にのみあるもので、実に人の心は誠であってほしいものだ。これは、よくよく考えていただきたいことです。

一、神様は、人の心は善悪を映す鏡となされた。人のすることは、何事でも御照覧なされぬものはないが、それも、ただ人の心を正直に持たせようとの思召しがあるからである。それゆえ、この神国に生まれた者とても、心のゆるんだ者は、どうして神の思召しに適うことができようぞ。他人を欺くようなことをするならば、必ずそれに越すほどの報いがふりかかるものだ。それを、愚か者は知らないのだ。

一、自分で不足に思っていることがあっても、物欲しげなる心を人に示してはならぬ。あとあとまでも見くびられるものだ。人に対して物を施しておけば、それだけの恵みは、天が自分にお与え下さるものである。それだからとて、分にすぎた振る舞いをしてはならぬ。すべてほどよろしきを得なくてはならない。

一、人がどのようなことをいったとしても、物事をやかましく論議してはならぬ。くだらないことをいうのは、たとい一言でも無駄なことに違いない。それをよそにいて聞く人があったならば、大変差し出がましい奴だ、と思われるに違いない。かえすがえすも無益なことを思ったりしてはならぬ。

一、二人づれで道中する際に、お互いの心の底まで打ち明けてはなりませぬ。これは、旅人といっしょになった時の話である。さればといって、何か下心でもありそうな顔をするのもいけませぬ。

一、酒の座敷においては、はるか下座の者にまでもつねに目をかけ言葉をかけなさるがよい。同じ酒でも、情をかけて飲ますならば、人は一層嬉しく思うだろう。なお、無礼に振る舞いやすい者には、とくに情をかけてやるがよい。そうすれば、嬉しさもことの外で、用をする際にも大切にと思うものである。

一、人には貪慾な心があるものだ。その心に従って、わが身を任せてはなりませぬ。貪慾な心は、地獄よりの使者と思われるがよい。その心に誘われて地獄へ落ちて行くのである。貪慾の心でもってわずかの物でも故もなく売るならば、この世においては百倍の損を招き、あの世に行っては地獄へ落ちなくてはならぬ。

一、極悪の罪科を重ねた盗人は、それをわざわざ公方《くぼう》様に訴えなくとも、必ず神仏の罪を蒙って自滅する運命を招くか、あるいは、よその人の為に罪に問われるようになるものである。そのようになった際でも、心ある人ならば、わが物を盗まれても、それを申し出なくてよかったと考えるだろう。

一、他人が盗賊と呼んでいるような者であっても、確かな証拠のない限りは、決して盗人という言葉を用いてはなりませぬ。そう呼ばれた者は、聞きすごすことがあっても、のちに人から憎まれるようなことがあった際には、根も葉もない雑言を作っていいふらす者が出てこないとも限らないのである。

一、漢土の言葉に、来たる者は拒まず、去る者は追わず、というのがある。これは、去るも来たるも意にまかせるという意味である。くれぐれも、身分の貴い賤しいにかかわらず、貪欲の心を捨てて正直にやっていこうと、神にも仏にもお祈りなさるがよい。

一、馬に乗って嶮岨な坂道を越える時は、馬も生き物である以上、苦しいに違いないと思って、時々停まって休ませるがよい。弱々しい馬に対しては、とくに降りていたわってやるがよい。畜生は言葉が通ぜぬので、その悲しみはとくに深いものであろう。よく心得ておくがよい。

一、弓矢とる身のつねとして、義理ということを忘れてはなりませぬ。武士の道として、心と技とは車の両輪のように考えるべきだ。義理をわきまえている人というのは、身が滅び家を失うような事があっても、正義を曲げずに、強敵たりとも屈せず、つねに真心をもって事にあたるのを指すのである。武士として、武芸のみに走ることなく、その践《ふ》み行なう道を思わなくては、敵にあたることも叶わず、車の両輪のごとく両々相俟って修養をせねばならない。古い言葉にも、人は死して名をとどむ、虎は死して皮をとどむ、ということがある。人の命も定まったものであり、生きの身の衰えるのも疑い得ないところである。身命を惜しむことなく、立派な最期を遂げるように心がけなくてはならぬ。願っていればこそ物事も叶う道理で、願わずして叶うためしはないということを知っておきなさい。

一、舟に乗ることにも慣れ、山や川の地理をもよく心得るようにし、寒さや暑さにもがまんできるように、日頃から修錬を積んでおきなさい。

一、たとい冗談であっても、人の落度をかれこれいってはならぬ。自分では冗談ごとと思っても、それをいわれる当人は、非常に恥ずかしいことだと考えて、何事か仕出かすようなことがないとも限らないのである。たわむれにも、人の喜ぶことを口にするのはよいが、欠点などをかれこれいってはなりませぬ。万事注意して、人情をつくさなくてはなりませぬ。

一、どのような卑賤な女でも、女に対してかれこれ非難をしてはならない。まして恥のある人のことはいうまでもないことで、同じく口にする場合でも、美点ならば取り上げてもよいのである。悪い点は、どこまでも匿《かく》してやるように心得なさるがよろしい。この点をよく思いわきまえていないと、わが身に対して受ける恥も多くなってきて、功名も何も廃《すた》れてしまうのである。

一、旅人とともにあまたつれだって河を渡る際には十分ようすを心得ていても、人を先に渡すべきである。また河を渡り終えてから、ことさらしく足道具の水を打ち払ってはならぬ。人のいない方向に向かって、こっそりと払うがよろしい。

一、事に応じて、世間のこともよく考えて、はばかり振る舞わなくてはならない。

一、博奕というものは、決して喜ばしい遊びではない。人とまじわってその友を欺いたりなどしてはならぬのはいうまでもないが、時によっては、その遊びを心得ていてもいいことがある。それは、人の心を失わないためであって、わが身のためにそれをするのは、決して許されぬことである。

一、思わぬ失敗をしたり、不慮の災難に遭ったりなどして歎かわしい事が起こってきたとしてもむやみと歎き悲しんではなりませぬ。これも前世の報いだと思って、早くあきらめなさるがよい。それでも悲歎の心がやまぬならば、次の歌を口ずさまれるがよい。

浮世にはかゝれとてこそむまれたれことわりしらぬ我が心かな

(憂さ辛さのあるのも浮世なら、楽しみのあるのも浮世ならばこそである。われわれ人間はその浮世に凭《よりかか》って住んで行けとの神仏の思召しに従って生まれたのである。それゆえ、悲しみもあれば苦しみもあるのだ。そこの道理を知らなかった自分は、あさはかだった。浮世の常を知れば、何も自分ばかりが苦しいのでも、辛いのでもないのだ)

この歌を唱えていると、自然に歎きの心も忘れて行くであろう。

一、どこかへ外出する場合に、十人で出るならば、そのうち二、三人の者は少々先に出立させるがよろしい。また、戦の場合はその時に応じて事をなされたい。

一、主人よりの御命令であっても、第三者が見て、道に外れたことをする奴だ、といわれるような事柄や、また、他人に危害を与えるような事柄は、決してしてはならぬ。御主人に対し奉っても、それは思いとどまり給うように申し上げるがよい。それによって御叱りを蒙《こうむ》り勘当されるようなことになっても、致し方ない次第である。しかし、その進言によって御思案なされ、道理をもお悟りなさったならば、大いに感心なされることもあるだろう。また、神仏も必ずや御恵みを垂れさせ給うことであろう。

一、ひたすらに、人のため世のために尽くすように努力することを、念願とされたい。それは、行く末のためというものだ。白い鳥の子はその色が白く、黒い鳥には黒い色の子が生まれるものである。また蓼《たで》という草は幾度生えかわっても、その味の辛さは受けつぐものであり、甘いものの種は甘い味を受けついでいくものである。そのように、一つの事柄は次から次へと影響を及ぼすものであって、人間も、人のためによくしようと思う者は、後の世になってわが身によい報いは来るものである。自分のことばかりを考えないで、世のためになる事を考えねばならぬわけである。

一、主人や親の前などで数珠《じゅず》をもてあそんだり、片手を懐中に入れたり、物を大口に食べたり、あるいは楊枝《ようじ》を使用したり、唾《つばき》を吐いたり、居眠りしたり、口を開けたり、舌を出したりなどすることは、非常に無礼な振る舞いというべきだ。

一、舟には舵というものがあって、初めてあの大浪をしのぎ、荒風の難をもふせいで、大波を渡ることができるのである。人間界の人は、舟に舵があるように、正直の心をもって危い世の中をも渡って行くのであるが、それは、みんな神仏の御加護によるものといえよう。この正直の心は、われらが冥途《めいど》に向かって旅立つ際に死出の山を越え、三途《さんず》の川の橋を渡す舵ともいうことができるのである。それゆえ、正直は心の舵ともいうべきで、かけがえのない尊い宝である。このことは、よくよく心得ていてほしい。正直の心は無欲の心ともいえるであろう。
また、無欲の心は後生の薬ともいえるであろう。くれぐれもよく思い定めて、世の中は夢のごとく短いものであることを知っておきなさい。

しでの山あしき道にてなかりけり心の行てつくるとおもへば
(死んで行く冥途にあるという嶮しい死出の山を越える道も、そんなに人がいうほど悪い道ではないそうだ。正直の心を持って死んで行く者が、その心によって考えてみると)

三の河うれしき橋となりにけりかねて心のわたすと思へば
(死出の旅先に横たわっているという三途の川にも、橋が架けられて、嬉しく渡ることができると、かねて思い定めていると、死は少しも怖ろしくないことだ)

極楽へまゐる道こそなかりけれ心のうちのすべぞなりけり
(人がいうているような道は、極楽行きにはないそうだ。それは、人の心のうちにあることだから)

極楽の道のしるべとたづぬれば心の中の心なりけり
(極楽へ行くという道の道しるべをたずねてみたいなら、それは、人の心の真心が知っていることだ)

このようなことをくどくどしく述べて、かえすがえすも恥ずかしいとは思うけれども、人の寿命は定まっていて、限りのあるものであるから、いつまでの命と夢想もつかず、知りにくいことではある。その上、人が死期にのぞむというと、その有様は、あるいは、ものも言い得ず敢えない最期を遂げる者もあり、また、弓矢の事に携わって命を失う者もあるのである。露ほどの儚《はかな》い命の無常の風にさそわれて、生死常ならない習わしにて、わが子の事を思うてみても、実に蜉蝣《かげろう》の朝あって夕べには無い命にも似た風情である。それゆえ、命あるうちに、心に想い浮かべるままにはばかりなく申しのべた次第である。これらの言葉に従って悪い事があるならば、悪い事を親がいわれたものだと、思うがよろしい。

しかしながら、親はどこまでも子孫よかれと願ってのことゆえ、これに従うのが孝養の至極と思いなさるがよい。すぐ従うことがなくとも、この教えを忘れず、子々孫々に遺し伝えなさるがよろしい。後世の者で、百人の中で一人でも、この教えを用いる人があって、さては、昔の人がお伝え下されたかと、お思いなされる折があれば、しあわせというものだ。人の親となって、その子が生まれれば、差し出がましいこともありがちだ、といわれている。その言葉どおりにお思いなさるであろうが、心静かに二、三人の者だけについても考えてみなさい。

ただし、このようにいうのは、わが親がわれをのみ教訓し給うものとばかり考えなされず、末の世の子孫を教訓するものと心得なさるがよい。いずれにしても、おかしく恥ずかしきことゆえ他人に洩らしてはなりませぬ。
いにしへの人のかたみと是を見て一こゑ南無と唱へ給へよ

大変な長文であるが、重時の家訓である「極楽寺殿御消息」は、これで終わっている。この家訓を読んで、まず感じるのは、当時の武家社会における主従関係がいかに厳格な、しかも、親密なものであったか、ということである。そこで、武士たる者が殿様に対して奉公するには、どのような心がけが必要であるかということを、第二条に説いている。百千の多くの人びとがどのようにやっているか、そんなことについては、知る必要がない。ただ一筋に、一人の殿様に対して身命を捧げ、財宝をなげうって奉公することが大切である。

この一筋の奉公に対して、殿様たるものは、恩愛をもって報いてくれるであろうが、それは自然の情としての恩愛であるから、初めからそれを受けることを期待して奉公すべきではない。たとい、殿様が奉公の忠実に気がつかなくとも、奉公は一筋にするものよ、と心の中に観念すべし、と教えたのである。

次に、家臣や下僕に対してどのような心持ちで接触すべきかを説いている。すなわち、第二十五条には、腹の立った時に下僕を勘当したりしてはならぬ。腹の虫がおさまってから、これまでの事と今度の事件とを考え合わせ、どちらにしても忠節の心が乏しいということがわかったならば、勘当してもよいが、ただ腹の立つのにまかせて勘当したならば、必ず後悔することがあるだろう、と記し、第二十六条にも、自分の使っている下僕と他人の下僕とが争論をした場合には、そこに同じ程度の道理があるとせば、まず、自分の使っている下僕の方が悪いと決めるがよい、と説いている。

第七十一条には、主人の留守を預っている下僕の油断に対して、不意打ちを食わせることがないように教えている。たとえば、外出先からわが家に帰る時には、まず、人を先にやって蟇目《ひきめ》を鳴らし、声を高くするがよい。自分一人で帰る時も同様である、と記しているが、この教えの中には、下僕を思う主人の深い情がこもっている。人の主たる者は、このような心がけを持たねばならぬとは、また、後に紹介する「武田信繁家訓」にも見えるところ、そこに時代というものを超越した武士道的精神が存在していることを忘れてはならぬ。

それから、慈悲心について強調している。すなわち、第七十四条には、人に物を盗まれても、その品物が無くとも格別構わないような場合には、盗まれたことを決して公にしてはならぬ。それを無理に曝露《ばくろ》したために罪を得れば、人の一生を台無しにすることにもなり、後生の因果応報のがれがたいものがあろう。これは仏者の言葉としか思われないほど慈悲に徹した心境であり、下僕に対する場合も、朋輩に対する場合も、おそらく同様であったであろう。

さらに、第十三条によると、道理の中にひが事があり、また、ひが事の中に道理がある、この心をよく味わうべきだ。道理の中のひが事とは、いかに自分のことが道理だからといって、それが自分にとって、生涯を失うほどのことではなく、かえって、人がこれによって一生涯を駄目にしてしまうようなことを、自分の道理のままに主張することである。また、ひが事の中の道理というのは、人の命を失うようなことが、たといひが事であっても、それを曝露などせず、人を助けることである。

このようにして、世をも人をも助けたならば、それを見、聞く人も心を寄せてくれるだろうし、助かった人の喜びもさらに大きいものだ。たとい喜ぶことはないにしても、神仏は憐れみを垂れて、今生《こんじょう》を守り、また他生《たしょう》をも助け給うであろう、と説いているが、これは仏者の考え方であって、当時の武家社会では、たといわずかな罪でも、それが公にされた時には、たちまち極刑に処せられる場合が多かったのである。それで、この現実の無情を憐れむ心が出家となった重時の心の中に湧き起こり、このような理想的な教えを説かせたのであろう。

次に、親子の間の心がけとして、第四条に、親の教訓には少しのことでも違ってはならぬ。たといひが言をいわれると思っても、年を取った親が物をいわれる場合には、よく心を鎮《しず》めて聞くものだ。それが他人に対してのことであるならば、なだめるがいいし、自分に対することであれば、ともかく、その言いつけに従うがよい、さもなくば、親が亡くなった後で悔やんでも追いつかぬ、と説いている。

また第二十四条には、継母に対する心得として、継母のことを継子が深く恨みに思うことは、大きな間違いである。たとい、継母にひが事があっても、それが婦人であるからには、定めて格別な因果の道理があることであろう。親の心に適うことは、神仏の心に適うのと同様である。くれぐれも穏やかな心を持つことが肝要である、と教えている。

次に、婚姻の場合や夫婦関係について説いているのは、面白い。すなわち、第五十一条に、人の妻となる女を選ぶ場合には、その心をよくよく見て、一人の妻を決定せねばならぬ、いい加減な気持ちで、その他の女をやたらに妻にしてはならぬ。もし、そのようなことをしたならば、本妻からも恨みを受け浅ましい出来事も起こるものである。その罪は決して軽くはない。必ず地獄に落ちる破目となろう。聖《ひじり》とも呼ばれるほどの人は、一生涯の独身を守り、一人の女に近づくことすら修行の妨げになると考えたものである。まして、多くの女に近づくことは、いかに罪深いことであろう、など説いているが、これは正に一夫一婦の思想であって、仏教の不犯戒の思想が当時の質実な武士の精神生活に合致したものと考えてよかろう。いったい、この家訓の特徴とするところは、婦人の存在をいかにも尊重していることであろう。

第十二条に、女房たちの立ち忍ぶところは、見ないようにして通るがよい。供の下僕にもそんなところは見ないように固く申しつけるがよい、と記し、第九十一条には、どんな賤女に対しても、女の難をいってはならない、といい、第五十七条には、自分の妻子がものをいう時には、それをよく聞くがよい。ひが言をいったならば、女童の習いと思って、聞き流すがよい。しかし、女童だからといって、とくに卑しんではならない。天照大神も女体におわしますし、また、神功皇后も御后であって、新羅の国を攻め従えられたのである、と説き、第四十九条には、女の極楽往生は疑いなし、と記している。

第六十九条には、傾城《けいせい》や白拍子《しらびょうし》に対して深入りしてはならぬと戒め、第七十条には、傾城を呼ぶ時には、眉目悪く衣裳悪しきを招けば、わが心もそれにとどまらず、傾城も嬉しく思うであろう、と教えている。

そのほか、この家訓には、日常の生活の細かなことに対する訓戒が非常に多く、むしろ、わずらわしいほどであるが、その一つ一つが、いかにも実際的で、日本人の生活に即した教えである点に、心がひかれる。すなわち、第七条に、人と寄り合った際に、肴《さかな》や菓子を余計に取ってはいけない、といい、第八条には、自分だけに料理を多くしてはならぬ、などと注意し、第九条には、座敷の中を歩く場合に、畳のへりを踏むな、と教えているような始末である。

第十条には、酒の酌をする場合の作法、第十一条には、道路で人に出会った時の作法、第十六条および十八条には、服装の好みについて、第二十一条には、家居や持道具などについて細かい注意を与え、華美を戒め、身分相応にすべきことを説いている。

なお、この家訓の特徴としては、神仏信仰の思想が至るところに見えている点である。すなわち、第一条には、朝夕神仏をあがめ、心にかけよ、とあり、第三条には、出家を誹謗《ひぼう》するな、といい、第十五条には、経書を聴聞せよと教えている。このような仏教的色彩は、この家訓が鎌倉時代のものであり、熱烈な仏教の信仰に生きた当時の武士の生活の反映として生まれたものだからである。

当時は、もちろん、儒教思想などはまだ普及されず、武家生活の倫理は、仏教の教えによって培《つちか》われていたのである。ことに、重時の思想の根本をなしたものは、浄土宗の教えであり、康元元年彼の出家以来の作であるこの「極楽寺殿御消息」には、とくに、その思想が濃厚にあらわれている。すなわち、浄土宗的な考え方が本になって、武士の履むべき道を教えたものが、この家訓の精神であるにほかならない。

菊池氏の家訓

菊池《きくち》氏は、肥後の国の豪族で、姓は藤原、北家の関白道隆の子大宰権帥隆家から出ている。隆家の曽孫大夫少監則隆が、後三条天皇の御代の延久二年に、肥後の国菊池郡に下向し、その郡名をとって菊池氏を称したに始まる、といわれている。以来、九州屈指の豪族となり、その家督を相続した者が肥後守を世襲するのをつねとしたのである。歴代勤皇の志篤く、吉野孤忠の事績は世人のよく知るところである。

十代の武房は、蒙古襲来の時に殊勲をたて、後宇多天皇の功賞を辱《かたじけの》うし、その孫十二代武時は、元弘年間、後醍醐天皇の密勅を奉じて、鎮西探題北条英時を討って、惜しくも陣歿したのである。その後、武重、武敏、武吉、武士、武光、武澄、武政など、あるいは京畿に馳せ参じて闕下に仕え、あるいは征西将軍懐良親王を奉じて官軍の勢力をこの地に張り、一時は九州全土を風靡《ふうび》するほどの勢いであった。

その後もなお、一族は長くこの地に割拠《かっきょ》し、明国や朝鮮と通交貿易など営んだが、天文年中、義宗の時に、備後の大友氏に攻められて、義宗は討死し、菊池氏の正統はここに絶えたのである。しかし、この義宗より前に、能運の子の重為が日向の国米良にのがれて、世々米良氏を称していたが、十九代則忠の時に、菊池氏に復し、明治維新の際に華族に列せられ、明治十七年には男爵を授けられたのである。菊池神社は隈府の旧蹟に建てられ、武時・武重・武光を祀っている。

菊池氏の家訓としては、第十三代武重の家訓と、武重の弟武茂の起請文とが伝わっている。

菊池武重の家訓

武重《たけしげ》は、武時の子で、元弘三年に鎮西探題北条英時を筑前の国博多に攻めたが、戦い利あらず、父の戒めに従って肥後の国に帰った。その後、肥後の国司に任ぜられ、建武二年に足利尊氏征討の軍に加わり、箱根の戦いに先駆けの功を樹て、ついで尊氏を山城の国大渡に防ぎ、玉輿を護衛して比叡山に登った。翌延元元年十月、後醍醐天皇が花山院第に入らせ給うに及び、尊氏に欺かれて檻監されたが、監視兵の隙をうかがって国に帰り、宮三位中将宗治を援けて、九州官軍の中枢となった。

彼は、大智禅師に帰依して、清浄堅固の信念を発し、武略と徳行とを重んじ、長く本朝の鎮武たらんと志し、忠を朝家に致して、正法《しょうぼう》の護持に力《つと》めたのである。興国二年十二月二十六日に没したという。一説には、同三年八月三日没したと伝えているが、両説ともに確証があるわけではない。明治三十五年、従三位を贈られている。

武重の家訓は、延元三年七月二十五日、肥後の国の鳳仭山聖護寺の八幡宮に奉納したものであって、現在、菊池神社の宝物となっている。本文は仮名書きであって、これを判読するに少し苦心を要するが、その内容を口訳すれば、次のようなものである。

寄合衆の内談の事

一、天下の御大事に対しては、たとい内談の議定があるとしても、これを決断する場合には、武重の思うとおりに取りきめるがよい。

一、国の政道は、内談の議を証拠とせよ。たとい、この武重がすぐれた意見を出したとしても、管領《かんれい》以下の内談衆の意見がまとまらなかったならば、武重の意見を捨ててほしい。

一、内談衆の意見どおりに、菊池郡において畑を作ることを固く禁止し、山を尊んで樹木の増植を図り、家門の正法とともに、竜華の暁に及ばんことを念願とすべきである。謹んで八幡大菩薩の明照を仰ぎ奉る。

以上の三箇条であって、日付の下に、「藤原武重」と署し、花押《かおう》を書き、血判を押している。

これは、この頃九州における官軍の勢いが振わず、戦況がしだいに不利となり、その上に武重自身も病軀に悩まされ、余命いくばくもないことを観念して、菊池家における政道の根本方針を書き記して、日頃信仰する八幡宮に奉納し、代々この家訓を守らせて同家の繁栄を図らんことを念願したのである。彼は一族の中から人を選んで管領の役目に任じ、それを家督相続者の下に置き、管領の下には、また、内談衆というものを数名置き、事ある際には、まず衆知を集め、意見の一致を図り、家を挙げて君国のために奔走して臣道を全うせんことを期したのである。肥後の国政に関しては、家督にいろいろな意見もあるであろうが、強いてこれを固執することなく、管領以下内談衆の合議にまかせ、その決定にまつこととしたのは、要するに、政道の公平無私ならんことを期したのである。

しかし、一朝君国有事の際には、すべての決裁は武重自身でこれを行ない、この決裁に基づいて大事を遂行すべし、と教えたのである。衆知を集め、公平無私に事を処理するのは、大切であるが、非常の秋には、議案に空しく時をすごすべきではなく、速断急決して、その危機に備えなければならぬ、と説いたのである。

この家訓の精神は、菊池氏伝統の勤皇精神に由来するものであって、ここにおいて、さらにその純忠の信念を披瀝し、この三箇条の家訓を制定して、後代子々孫々に伝えたのであった。

菊池武茂の家訓

武重によって強調せられた菊池家訓の精神は、その後における菊池氏活躍の原動力となったのであるが、武重の弟武茂は、さらに延元三年八月十五日付で、同じく聖護寺八幡に起請文《きしょうもん》を奉納している。それは全文八箇条にわたり、次のようなものである。

一、武茂は、弓矢取りの家に生まれて、朝廷にお仕え申す身分であるから、天道に応じ、正直の理をもって家の名をあげ、朝恩に浴して身を立てることは、三宝のお許しなされるところである。この上は、私の名聞や利欲のために義を忘れ、恥を顧みず、当世にへつらっているような、穢《きたな》い武士の心から、すっかり離れたいものである。

一、おのれの利欲のため親疎によって五常の道にそむくようなことは、この世にあるべからざることであるが、元来愚かな生まれつきであるから、もし正理を守らないで誤りに陥った場合には、諫《いさ》めていただきたい。その諫に応じて、やがては正路にかえることは間違いないと信ずる。

一、前の二箇条の道理を守ることは、今の世の中ではむずかしいことかも知れないが、釈迦の正法をお守りして、その志を誠に近づけたいと思っている。これらの誓い言を立てたからには、もしも過って犯した罪のために、たとい天罰を受けるようなことがあっても、末代に正法が破滅する時に際会しては、一日一夜といえども正法をお守りしていこうという信心をこの身に起こしたのである。仏の功徳に随喜したので、まず正直の願いを立てた次第である。このことをお願いするに当っては明らかに三宝竜天の照鑑を仰ぎ奉った次第である。

一、正法をお守り申し上げる願いというのは、今生の名利や栄華を永く棄てて後生菩提の道を一筋にお求めになる僧侶に対し、清浄の信心を起こして、守護帰依《きえ》申し上げることである。

一、公の出仕や、私の交際の外には、名聞栄華を好んではならない。俗界にある身であるから、少しは徒然《つれづれ》を慰めるために世俗の所為を行なうのは仕方がないが、当世にはやる不実者の振る舞いをしたり文武両道にはずれたり、仏法興隆の妨げとなったり、法をくぐって国家に御迷惑をかけたりすることは、正法護持のために固く停止《ちょうじ》せねばならぬ。

一、釈迦の正法と寿命をお継ぎ申すためには、領内で殺生《せっしょう》をしたりすることは、長く禁断とせねばならぬ。

一、兄の肥後守武重が子々孫々まで戒めとして定めおかれた正法護持の志を、真心をもってお伝えするならば、この武茂は、随喜渇仰の心を起こして、また、子々孫々まで誡の掟を伝え、君のため家の為に真俗心を同じゅうして正路を守り、如来の正法をお護り申し上げよう。

一、聴聞正法の深恩に奉謝するために、生々世々正法が盛んになったならば、必ず生まれかえった気持ちで、正法に対する信心を起こし、師弟の縁を結び、ともに正法をお護り申すであろう。

この八箇条の起請文は、菊池家訓の精神を最も如実に伝えたものである。つまり、武茂の本願としたところは、朝廷にお仕え申す武士として、その道を尽くすことであって、天道に応じて、正直の理をもって、家の名をあげ身を立てることである。当時の武士の間に正義の念が薄くなり、功利に走る思想が瀰漫《びまん》していたが、そうした功利思想から離れて、純忠義烈の精神に生きようとしたことがわかるのである。それで、利己心に禍いされて、道にそむくようなことになるのを恐れ、つとめて謙虚な心をもって道を学ぼうと決心したのである。おのれを虚にして、道を学ぶのは、人道としてはなかなかむずかしいことである。

それには、まず、釈迦の正法をお守りして、その志を誠の道に近づけようと心がけた。それで、正法を厳密に守るということを、聖護寺八幡に誓ったのである。この正法を守るについては、まず、今生の名利や栄華を忘れて、一筋に後生菩提の道をお求めになる僧侶に対して、清浄の信心を起こして、これを守護し、帰依申しあげることを忘れない。それから、公の出仕や私の交際などのほかには、名聞や栄華を好まず、当世に流行している不実者の振る舞いを真似たり、文武両道にはずれたりするようなことはせぬ。

また、国法をくぐったり、領内で殺生をしたりすることは、厳禁する。兄の肥後守武重が、子々孫々まで正法護持の教えを定めおかれたので、この武茂も、随喜渇仰して、この教えを伝え、君国のために正法を護持するのである、と説いている。これは、要するに、正法の護持が君国の興隆を目的としていることを物語るものである。

彼は、そのために全力を捧げんことを決心し、その決意のほどを、この起請文において披瀝したのである。

朝倉氏の家訓

朝倉《あさくら》氏は、開化天皇の皇子丹波彦坐命から出て、但馬の国朝来郡の郡宰であったが、平安時代の後期、宗重の時に、同国出石郡朝倉の地に住んでから、子孫は朝倉をもって氏とした。その後、広景の時、足利高経に仕え、越前に入り、坂井郡黒丸城に居して、その目代《もくだい》となった。下って敏景《としかげ》の時に、室町幕府の管領斯波氏に仕えて、三家老の一となり、越前の国一乗谷に城を構え、越前の守護となり、義景の時に勢いが盛んであったが、天正元年、織田信長のために亡ぼされたのである。

朝倉敏景の家訓

朝倉家に伝えられた家訓として、まず有名なのは、「朝倉敏景十七箇条」である。朝倉敏景は、幼名を小太郎といい、長じて孫右衛門、弾正左衛門尉などと称し、一名を孝景とも政景ともいったのである。正長元年越前の国坂井郡黒丸城主朝倉家景の子として生まれた。越前の守護斯波義健が没した時、その後継ぎがなく、守護代の甲斐常治がほしいままに権力を振るったので、敏景はこれと戦って大いに破り、文明三年遂に越前の守護となった。それで、この年、父祖代々住まった黒丸城を出て、新たに足羽郡の一乗谷に移って、ここを居城とした。ところが、守護代の甲斐氏は、なお勢力があり、加賀の一向一揆と結んで国境を侵したので、またこれと戦い、互いに勝敗があった。文明十三年七月二十六日、五十四歳をもって没している。

敏景は、弓馬の道に通じ、儒仏の学を好み、文明三年に本願寺の蓮如上人がやってきて、越前にその教義を弘布《ぐぶ》した時、深くこれを崇敬し、坂井郡の吉崎山に堂宇を営ませたので、本願寺派の宗風が大いに揚ったのである。彼が制定した十七箇条の家訓は、元来家訓というよりむしろ法令と見るべきもので、これによって、敏景の治績をうかがうばかりでなく、朝倉氏代々の経綸の跡を見ることができる。その全文は、「群書類従」の武家部や、「日本教育文庫」の家訓篇などに収めてある。

次に、その口訳を掲げ、その内容について大略説明してみよう。

一、朝倉家においては、家老の職を一定してはならぬ。その者自身の才能や忠誠心によってそれぞれの役目を申し付けるがよい。

一、代々受け継いできたからといっても、無器用な者に、軍扇や奉行職などを預けてはならない。

一、天下の情勢が平穏なように見える時でも、遠近の諸国へ間者を出しておいて、つねにようすを密告させるがよい。

一、名作の刀とか脇差などというものは、とくに欲しがるべきではない。その理由は、たとい万疋の太刀を持っていても、百疋の槍を百丁求めて、百人の兵士に持たせたならば、攻防にも大いに役立てることができるのである。

一、京都から四座（観世・金春・宝生・金剛）の猿楽《さるがく》をわざわざ招きよせて、見物するのをすき好んではならぬ。それだけの代価をもって、自国の領内から猿楽の器用な者を選んで、それを都へやって習わせたならば、いつまでも側近くおいて、楽しむことができるのである。

一、城内においては、夜の能など催してはならぬ。

一、侍の役であるからとて、伊達白川へ使者を立て、良い馬や鷹など求めてはならぬ。偶然他所からもらったのは別であるが、それも、三年過ぎれば、他家へ遣ってしまったほうがよかろう。長く持っていれば、必ず後悔することになるからだ。

一、朝倉家の一族をはじめ、年の始めの出仕に着る上衣は、布子《ぬのこ》（木綿の綿入れ）とすべきである。そしてそれぞれの家名の定紋を付けさせるがよい。身分が良いからといって、衣裳も上等のものを着ける者は、国内の派手な風習にうごかされて、人目につく場所へそんな身なりでは出にくいと考え、仮病を使って最初の年は出仕せず、またその翌年も出仕しなくなって、後には朝倉家へ真心をもって仕える者も少なくなるから、皆粗衣に甘んずることができるようにしなくてはならない。

一、家中の奉公人たちの中に、たとい才能の乏しい者や、何事につけて下手な者があっても、その精神において、真心をもって仕える者に対しては、とくに愛憐の気持ちをもって扱ってやらなくてはならぬ。なお、勇気乏しく、か弱い者であっても、威儀を正して勤勉に仕える者は、これもまた何かの用に役立つ輩《やから》であるから、人並みに扱ってやるがよい。ところが、悪い点だけで、どことして良い点のない者は、目をかけていたわってやったところで、とうてい無駄といわなければならぬ。

一、奉公熱心の者と、勤勉に奉公しない者とを、同様に扱ったのでは、奉公熱心の人も勤勉の気持ちをくじかれてしまうだろう。

一、とくに必要に迫られた場合のほかは、他国からやってきた浪人者などを、祐筆（文書をつかさどる役人）として採用しないほうがよろしい。

一、僧侶にしても、一般民衆にしても、何かの点で他にすぐれている者は、他領へ引越して行かせないで自領へ止めておくがよい。ただし、もっている才能を誇るだけで奉公を励む心のない者は、この限りでない。

一、どうしても勝たなくてはならぬ合戦に際し、また、どうしても取らなくてはならぬ城を攻め落とす場合に、吉日を選んだり、方角のことを考えていて、いたずらに時日を遅らせることは、はなはだ無駄な次第で、不満足なことといわなくてはならない。いかに吉日だからといって、大風の日に船を出したり、また、大勢の敵に対してひとりで手向かったりしたのでは、それが無益なことは火を見るよりも明らかである。たとい、困難な場所に向かおうとも、悪日であろうとも、その情勢を細かに洞察して、どれが虚かどれが実かを考え、臨機応変に兵を動かし、敵に察せられぬように謀《はかりごと》をめぐらしたならば、必ず大勝を招くものである。

一、一年に三度ぐらいは、有能で正直な者に申し付け、国内を巡視させて、大衆の申告を聞き、そのいうことを参考にして、政治の改革をしていくがよろしい。

一、また、時としては、自分で身なりを変えて巡視するのもよいことである。

一、当家の砦以外に、決して国内に城郭を築かせてはならぬ。すべて禄高の多い連中は一ヵ所の谷に集めて住まわせるようにし、その郷村には、ただ代官と下役人だけを置くようにするがよい。

一、神社仏閣の前や町並みを通る場合には、所々で馬を止めて、奇麗なのに対してはこれを賞美し、また、破損したりなどしているのに対してはこれを憐みいつくしむ言葉をかけてやると、下々の者は御言葉を賜わったといって、非常に喜び、悪くなった箇所はすみやかに修理し、良いところはますます磨きをかけるようにするものである。そのようにするならば、造作《ぞうさ》もなくて見事な領内とすることができるのであって、それというのも、もっぱら主人の心がけ次第でいかようにもなるのである。

一、何かの沙汰につけて、それを直訴するような事があった際には、理非を曲げることなく、直裁致さなくてはならぬ。もし役人の中に私欲をむさぼる者がいることを聞いたならば、その者に対しては、断固とした処置をとらねばならぬ。

右の条々を、よくよく心にとどめ、日夜怠ることなく勤め励んで、長く子々孫々までも厳守すべきである。何につけても領内の事を慎み深く考えて、政治の沙汰をも致したならば、他国の悪党たちも邪魔はせぬものである。

一、何かにつけて訴訟でもある場合は、正邪善悪を判然と定めなくてはならぬ。もし役人の中に私心によって悪人と一緒になるような者がいたならば、いずれをも同罪に処罰すべきである。

物事を処理する場合に、よくよく吟味し、落度のないようにして断行すれば、他国の悪党などにも乗ぜられぬものである。一家の場合で見ても、不規律でみだらな家庭と知られたならば、必ず他家の者に悪事をされるものである。ある高僧の話された物語に、「人の主人たるべき者は、仏でたとえるならば、あの精神堅固な不動明王と慈愛限りなき愛染明王の御心を備えていなくてはなるまい。

その理由は、不動が剣を提げているのと、愛染が弓矢を手《た》ばさんでいるのは、剣で突くのでもなく弓で射ようとしているのでもない。それは、ただ悪魔を退治するためであって、人の主人たるべき者も、これと同じく、内に慈悲深重なる心を持ち、外に対しては良き事はほめ悪事は戒めて、理非善悪を正しく判断せねばならぬものである。これをまことの慈悲の殺生と申すのである」というのを聞いているが、もっともなことであろう。世の中に賢人や聖人の語を学んでいる者が多いが、たといそれを学んでも、また、詩文を読んでみても、その人の心が偏屈であるならば、決して真の学習をしたとはいわれまい。『論語』に、「君子重からざる時は威なし」という語句のあるのを読んで、ただひとえに重々しいのがよいとばかり考えたのでは、これまた、妥当とはいいがたいのである。重かるべき、軽かるべきというのも、時宜に適い場所に従っての振る舞いこそ最も肝要である。

それゆえ、わが意見としてのべた以上の各条々も、いいかげんのものと思われるならば、なんら益無きものとなってしまうのである。われも一個の人間として、不思議に今日まで生きながらえて、かく国を握って立つようになったが、その間、日夜を分かたぬ工夫努力をし、ある時は諸方からその道の達人を集めて、その語るのを聞き、つねに怠らぬ注意をして、今に至っている次第である。これが主旨を、子孫の者によく伝えて、条々書き記された点を怠らず厳守して、摩利支天、八幡の御教えとも思うならば、朝倉家の名跡はなんとかつづくものと思う。末々の者に至って、この書をも軽んじわがままを振る舞うようにもならば、必ず後悔せねばならぬ日も来るもの、と覚悟しなくてはならない。

今川了俊の歌
子を思ふ親の心のまことあらばいさむる道にまよはざらめや

まず第一条に、朝倉の家では別に家老の職などというものを決めず、そのものの忠節の心がけや器量によってそれぞれ適当した役目を申しつけ、家老にも任ずることにする、といったような規則は、いたずらに世襲を重んじ、無力な者を空位に着けておかないためだ。そのようなことをせず、有功の士を抜擢任用して、その才能を十分に発揮させたのである。戦国時代の武家の法令として、いかにも新味があるではないか。

第三条に、天下泰平の時でも、諸国へ間者を派遣して、つねに様子を探ることを怠ってはならない、というのは、治に居て乱を忘れない心がけの一つであろう。次の条に、名作の刀や脇差などをほしがって、大金を出してそれを買い求めるかわりに、その金でできるだけたくさんの槍を買い求めて、多くの兵士に持たせたならば、攻めるにも防ぐにも大いに役立ち、国を全うすることができる、と説いているが、それは、実際を重んじた戦国大名の心がけとして、もっともな考え方であろう。そうした実際主義は、次の条の猿楽大夫養成の方法にもあらわれている。京都からわざわざ本場の大夫を招き寄せて見物するだけの費用があったなら、その費用でもって自国の内から猿楽に器用な者を選び出し、それを都へやって、本場の大夫についてよくその技を習わせ、それを側近く置いたならば、いつまでも長く猿楽を楽しむことができるというのである。

第八条には、服装の派手なのを戒め、実質を重んじ、粗衣に甘んぜよといい、第九条には、奉公人にたいする心がけとして、たとい才能の乏しい者や無器用の者があっても、その精神がしっかりしていて、真心をもって主人に仕える場合には、とくに愛憐の情をもって取り扱ってやらねばならぬ、などと説き、次の条にも、奉公に熱心なものをとくに取り立てることを主張している。

第十一条には、他国からやってきた浪人者などを祐筆に採用しないほうがよい、と注意し、次の条にも、一芸に勝れている者に対しては、とくにこれを優遇し、他国へ引越すことのないようにせねばならぬと、人物登庸について実際的な考えをのべている。

第十三条には、戦争のやり方に話を進めて、どうしても勝たなければならぬ合戦におもむく際や、また、どうしても取らねばならぬ城を攻め落とす場合には、吉日を選んだり方向を考えたりして、いたずらに時日を遅らせてはならぬ、たとい困難な場所に向かおうとも、悪日であろうとも、その情勢を細かに洞察して、臨機応変に兵を動かしたならば、大勝は疑いない、といっている。

第十四条には、一年に三度ぐらい国内巡視をさせて、一般人民の希望や訴えを聴き、それを参考にして政治を改革するがよい。時には、自分で身なりを変えて巡視するがよい、といって、下意上達の方法について真面目に考えている。

第十五条に、一乗谷の朝倉氏の砦以外に、国内に城郭を築かせてはならぬ、といっているが、これは、後に武田信玄の家法にも見えるところであるし、また、信長や秀吉が行なった城割の政策、家康の発した元和一国一城の令の先駆として、とくに注意に値する。

第十六条には、神社仏閣を崇敬し、社殿や堂宇の破損をすみやかに修理することをすすめているが、これは、朝倉氏が代々いかに神仏を崇敬したかを物語るものであろう。

第十七条には、役人の中で私欲をむさぼる者に対して、断固たる処置を取らねばならぬ、と説いている。それで最後に右の条々をよくよく心にとどめ、日夜勤め励んで、子々孫々までも長くこれを厳守すべきである、と説いている。その次にまた一箇条があり、いろいろなことを長々と説き、今川了俊の和歌を一首添えているが、これらは十七箇条の補足であって、おそらく後の人が敏景の家訓に付け加えて書き記したものと思われる。

敏景は、神仏を崇敬し、勤皇の志篤く、よく国内を治め、この遺訓をあらわしたのであるが、敏景ののち歴代の当主は、この遺訓に則って政治の根本を定めたのである。この訓戒は、越前の朝倉氏の家法となったばかりでなく、なお、隣国の若狭の武田家でもこれを採用し、執政の方針となした、といわれている。

朝倉宗滴の家訓

「朝倉敏景十七箇条」につづく朝倉氏の家訓としては、「朝倉宗滴《そうてき》話記」というのがある。

朝倉宗滴は、敏景の孫にあたる武人である。つまり、敏景の子氏景の二男である。幼名を小太郎といい、左衛門尉と称し、教景と名のり、剃髪して金吾入道宗滴と号した。永正九年に定景が没して、その子の孝景が家をついだが、歳が若かったので、教景が後見役として国政を執りすこぶる権勢を振るった。大永七年に阿波公方足利義維が上洛して足利十代将軍義晴と争った時、朝倉氏は義晴を援けたのである。

当時、加賀の本願寺門徒はすこぶる勢いがあり、一揆を起こして国が乱れたので、教景は兵を率いて上洛し、細川高国と力を合わせて義晴を援け、その功によって左衛門尉に任ぜられた。天文七年三月孝景が没し、その子の義景が家を継ぐと、教景は又その後見役となり、ここに剃髪して、宗滴と号した。弘治元年七月、七十九歳の高齢をもって加賀の一向一揆と戦い、八月浜の手の戦いに軍功があったが、九月八日陣中に没した。

「朝倉宗滴話記」は、宗滴が若い時から父の氏景に従って諸所の軍陣に加わったその体験談や意見などをのべ、子弟を戒めたのを、家臣の萩原某が筆記したものである。その全文は「続々群書類従」の教育部に収めてあるが、八十三箇条よりなり、戦国武将の軍陣にのぞんだ実際的の心得を説いた教訓書として、重視すべきものである。ここにその全文を口訳するのは、かなり煩わしい点があるから省略し、その中でとくに注意すべき箇条をとりあげて、少し説明を加えてみたいと思う。

第一条に、城攻めの心得として、山城でも平城でも、強引に攻めるのは、大将の不覚というものだ。大切な兵隊を目の前で見殺しにするということは、まず第一に分別せねばならぬ事柄だからである、といっている。第三条には、武辺において、一切これはできないなどといってはならぬ。それは、心中を味方の者に見かぎられるからである、といって、必勝の信念の前には不可能なことはないという、大将たるべき者の心がけを教えている。

第六条には、武者を心がける者は、第一に嘘をつかぬことである。そのわけは、ふだん嘘をついていると、実際の場合にあたってどのように本当のことをいっても例の嘘つきがまた始まったと、蔭で指をさし、敵にも味方にも信用がなくなるものであるから、注意せねばならぬ、とたしなめている。

第十条に、武者は、犬ともいえ、畜生ともいえ、勝つことが本である、と断言している。これは、戦争にはなにがなんでも勝たねばならぬ。負けては正義も何も通るものではない、という意味のことで、昔も今も変わらぬ真理に違いない。しかし、犬ともいえ畜生ともいえというのは、要するに、実際問題としてのせっぱ詰まった感情であって、道義がすたれ力だけがものをいう乱世の思想にすぎないと思う。何がなんでも勝つことが第一というのは、勝つためには手段を選ばない、どんな卑劣なことをしてもよい、という意味には決してならないと思う。このような戦国武将の実際的な教訓を味わうについては、やはり、その時代がどのようなものであったかをよく考え、その上で語句の解釈もせねばならぬと思うのである。

第十一条には、大将たる者は、いうまでもなく、いやしくも人数を召抱えているほどの者は、第一に、家来たちがよく成り立って行くようにと、ふだんから心がけねばならぬ。忠実に奉公を尽くした者の後はことにそれを取り立て、幼少の子どもがあったならば、無事に成人するように、面倒を見ることが肝心である、などと注意している。

第十二条には、主人には家内の者の罰があたり、また、家内の者には主人の罰があたるのであるから、主従ともに油断してはいけない、といっている。これは、つねに神仏の罰を恐れ、身分の上下によらず、主従ともにその身を慎むべきことをさとしたのである。

第十三条には、人を使う場合に、二人辛抱している者があったとすれば、譜代の者を召使ったがよい。そのわけは、まず内の者が行届かないところを主人が辛抱し、また、主人に対して内の者が何かにつけて辛抱する。このようにして互いに辛抱しあったならば、子飼いの者がたくさんできて、大事の役に立つものである。

第十六条には、内々の者に怖がられるのは悪い、涙を流して懐しまれることが肝心であると、昔からいい伝えている。そうでなかったならば、大事の時に身命を捨てて役に立つことは覚束ないのである。

第十七条には、内の者に侮《あなど》られているなどという気持ちが主人に起こって来たとすれば、もはや自分の心が狂って来たと悟ってよい。そのわけは、敵にさえ侮られてならない自分を、どうして身内の者に侮られるわけがあろうか。こんな疑いを起こすことこそ卑劣な心がけであって、家中紊乱の基であるといってよい。

第二十条には、大名の内で卑怯の名を取る人びとには、共通の欠点がある。いかにも重々しく、あたりの人をさげすみ、無礼な態度で、狐疑の心があって、万事について人疑いをし、身内の者の心をへだてさせ、または、家中の者が勢力のある人に会ったり物好きなことをするのを気にかけたり、あるいは、世間に対して偉ぶり、したがって、芸能など嗜むことを嫌い、折々は女房衆や小姓衆などを近づけ、わが身の無器用を蔭で悪口いっていやしないかと立聞きさせ、ややもすれば、毛を吹いて傷を求め、理不尽に鼻をつかせ、その跡の知行分を、多少によらず、屋敷のなかまで押し取り、米銭や黄金を倉に積み重ね、いつでも欠かさず財宝を持っていることに満足し、いい気持ちで暮らしているが、そうした輩《やから》は、一度思いがけない凶事が起こったならば、必ず山と積み重ねた財宝も煙と消え失せ、その家とともに滅亡するものである。このような例は、昔も今もたくさんあると聞いている、といって、大名が下を治める道を、実例をとって細かに教えさとしている。

第二十八条には、人間として蓄えがなくてはならない。しかし、分限者のように、蓄えることばかりに熱中して、品物や黄金を過分に集めておくような者は、元来、武者立てなどできるものではない、といい伝えている。ただし、例外として、伊豆の北条早雲は、針を倉に積み重ねるほどの心がけで蓄えも十分にあったというが、その蓄えを、武者立てに使うことは、まるで玉をぶち砕くように思いきってやったものだということである。

第三十三条には、わが父英林には、八人の男子があったが、合戦の際に、自分の持ち道具に血をつけた者は、かくいう自分一人である。十八歳より七十九歳までの間に、自国や他国で陣を布いたことが十二度であったが、その中で、馬の前で戦った野合いの合戦が七度ばかりあった。その中の三度は、持ち道具に血をつけた。三十歳の時に一揆を討ち崩したが、その際に、中江河原において馬上から長刀で敵を討取り、その首を中村清右衛門にとらせた。三十一歳の時に玄忍という者が出て来た際に、帝釈堂において馬上から弓を射て敵を倒したが、その首は古岩井宗左衛門に取らせた。五十一の歳に京都で泉乗寺合戦の時に敵を三人射倒し、その首をそれぞれ家来どもに取らせた。このように、身内の者と同じように働いたので、士卒も自分のいうことを聞かぬというようなことはなかった。これは、宗滴公がたびたびお話しなされたことである、とことわっている。

次の第三十四条にも、十八歳から七十九歳に至るまでの宗滴が参加した合戦の一つ一つについて、明確な覚えを書き記している。そうして、第三十五条には、合戦に自信のある大将というものは、合戦の際に、一度は自分で持ち道具を手にとらずにはおかないものだ、と昔からいい伝えている、と記している。第三十六条から四十五条に至るまでは、戦の駈引きや合戦に際しての大将の心がけなどをこまごまと説いている。

第四十六条には、当代の日本において、国持ちが無器用で、人使いの下手な標本ともいうべき人は、土岐殿・大内殿・細川晴元の三人である、といい、次の第四十七条には、これに反して、当代の日本において国持ちや人使いの上手な標本というべき人は、今川義元・武田晴信・三好修理大夫・長尾殿・毛利元就・織田信長、関東においては、正木大膳亮殿などである、と断言している。

第五十五条には、人から受けた恩はつねに忘れてはならない。また、つねに人に恩をしかけるようにつとめるのがよい。しかし、人に恩をしかけたことを忘れずにいるならば、いつもそのことばかり心に浮かばせ、その結果、前にしかけた恩も無駄になり、人との間は必ず義絶に終わるものである。

第六十二条には、大将というものは御屋形様であるから、軽々しく振る舞ってはならぬ。扇の要《かなめ》のようでなくてはならない。

次の第六十三条には、大将たるべき者は、まず、取らない弓矢に名を取るべき心がけが肝要である。無器用である、という名を取ったならば、たとい合戦の際に働きが勝れていても、それはまぐれあたりだといわれて、士卒が一向下知に従わないものであるから、取らざる弓矢に名を取るというふだんの嗜みが第一であると、またもや合戦にのぞんでの大将の心がけについて説いている。

第七十三条には、仁、不肖によらず、また、上下に限らず、武者数寄の士は、天道の冥加があって、多くの人に敬愛される徳がある。これに反して、武者嫌いの士は、仏神の綱も切れ、第一、人に憎まれ、貧乏をするのが関の山である。そのわけは、武者嫌いは諸人に対して不親切であって、身内の者に眼をかけないから、自然に衰微してしまうということである、と説き、次の第七十四条には、侍は信心が大切であるが、あまり凝り固まったのは、おどけ者の名を取るものである、などと戒めている。

第七十五条には、敵が夜討ちをしかけて来た時には、自分の陣所に控えていて、敵のやって来た場所をよくよく聞き定め、手勢の少ないところへ助けの兵隊を出して戦うことが大切である、といい、第七十七条には、武者に聞きのがしは苦しくないが、見のがしは大いに悪い、と教え、第七十九条には、武者の雑談には軍功者の物語を信仰させ、それに耳を傾けさせることが肝心である。ただし、若い時は、自然と自分から功者ぶるから、悪い評判を立てることが多い、といっている。

第八十二条には、大川に舟橋を架けるには、まず、弓の達者な者に川の面を射させて、その見積りでわがほうの川ぎわに杭を打たせ、舟を橋に大綱をもってつなぎ、さて、川上の舟にかい楯をかき、射手を置き、川上から向こうへ流しかければ、舟橋がかかる、ということである。

最後の第八十三条には、義景様が御幼少で、大岫様におはなれなさったころから、愚老を側に召寄せられ、万事につけて御意見をも申し上げ、どのようなことでも聞し召されたいということを、たびたびおっしゃった。これは、まことに御奇特なことと存じ、御奉公をつねに怠らないつもりである。義景様御成人以来、加賀の国のことはいうまでもなく、その隣国や京都に至るまで御加勢をなされたが、当国へは他国から武者立ても一切なく、御武運の長久がいよいよ増すばかりである。かかる上は、ただいま相果てても心に遺すことは毛頭ないが、もう三年は生きながらえたく思っている。このようにいえば、年を取るにつれて命惜しみをする愚者であるといわれるかも知れないが、命を惜しむ意味では毛頭ない。織田上総介の行末を聞き届けたい念願があるからである、とむすんでいる。

この「朝倉宗滴話記」は、一名を宗滴物語ともいい、戦国武将宗滴の十八歳より七十九歳に至る一生涯の実験談をのべ、これに、それぞれ意見を加えて物語ったところを、家来の萩原某が筆記したものである。

全文八十三箇条に及び、その間になんらの系統ももたず、年代や記事も前後し、内容の重複じみた点も多いが、自己の体験により、具体的の事実を基として、大将の心がけや武者立ての秘法などを説いたところは、江戸時代の大名の家訓に見られるような、理論的・抽象的な教訓とはおよそ異なり、その切実さが身に迫る感を禁じ得ないのである。「朝倉敏景十七箇条」の家訓が、家法として比較的整った形を備えているに対して、この「宗滴話記」は、聞書きの形をとった、実際的な生々しい教訓書ということができるのであろう。

武田信繁の家訓

武田《たけだ》氏の家訓といえば、すぐに「信玄家法」のことを連想するに違いないが、元来、甲斐の武田氏の家法を信玄が書き遺した「信玄家法」というものは、上下二巻よりなり、上巻は五十七箇条、下巻は九十九箇条からできている。上巻は、主として法律や規定に関する条項を並べているが、下巻は、『論語』『孟子』『史記』等の漢籍の本文を引用して、日常の行為の御手本となるような事柄を列挙したものである。

この上下二巻をあわせて、「信玄家法」といい伝えているが、本当に家法と思われるのは上巻だけであって、下巻の九十九箇条は、家法というより、むしろ家訓というべきものである。従来この下巻九十九箇条の家訓も、上巻と同様に信玄の制定したものと見なされていたが、近頃、古写本などによって研究を重ねた結果、下巻九十九箇条は、実は信玄の弟の武田信繁《のぶしげ》が作って、その子どもに示した家訓であることが、明らかになったのである。

ここには、主として戦国時代の武将の家訓についてのべる都合から、法律や規定に関係した上巻の家法五十七箇条のほうは、その説明を省略し、下巻の「武田信繁家訓」について説明することにしよう。

武田信繁は、信虎の次男で、つまり、信玄の弟にあたる武将である。幼名を次郎といい、左馬助と称したので、その頃の人はこれを典厩と呼んだ。父の信虎は、つねに弟のほうの信繁を可愛がって、兄の信玄をうとんじたが、信玄には少しも猜疑の心がなく、信繁もまた、兄に対して敬慕の念を失わなかったので、信玄は安心して弟を信用し、四方の経略に力をつくすことができたということである。信繁は、永禄四年十月十日、有名な川中島の合戦に、不幸にも戦死している。その時、まだ三十七歳であった。信繁が家訓九十九箇条を制定して、その子信豊に与えたのは、永禄元年四月のことである。以下、その九十九箇条の家訓の全文の口訳を掲げることにしよう。

一、武田家の主人である信玄様に対し奉っては、後々の代まで謀叛の心を起こすようなことがあってはならぬ。『論語』の中にも、「いかなる火急の場合にも、つねに正しい行ないの上に立ち、また、その身転び倒るるような不慮の難儀の生じた際にも、きっと正義の行ないをせよ」というのがあり、また、「主君にお仕え申すに、つねに真心をもってなす」という言葉がある。

一、武士として戦場にのぞんだならば、少しの卑怯未練の振る舞いがあってはならぬ。『呉子』という書物にも「命を惜しむ者はかえって死ぬ羽目に至り、死をいとわぬ者はかえって生を全うするもの」だと教えている。

一、つねに油断の心をなくし、行儀についても注意を怠ることがあってはならぬ。『史記』という書物に、「その身が厳正なれば、命令せずして部下が行ない、その身が正しくなかったならば、いかに大声で命令しても部下は従わぬ」と説いている。

一、武勇の点については、平常からつねに嗜んでいなくてはならぬ。『三略』という兵法の書にも「強将の下に弱兵なし」といっている。

一、いつも決して虚言《うそ》をいってはならぬ。神託の言に、「正直で少しの不公平のない者でなくとも、日月の憐みをこうむる場合がある。それは、武略を用いる時のはかりごとであって、正直も時によるものだ」というのがあり、また、孫子の言にも、「備えあるを避けて、備え無きを攻む」というのがあって、武家にあっては、敵の虚を突くことは許されていることである。

一、父母に対し奉って、いささかの不孝もあってはならぬ。『論語』にも、「父母に奉仕して、子としての全力を捧げるのが孝である」とのべている。

一、兄弟に対して、いささかも侮蔑の心があってはならぬ。『後漢書』に、「兄弟は左右の手のように頼むに足りる」と説いている。

一、実行の伴わぬ言は、一言といえども軽々しく口にすべきではない。応杭は、「人の一言半句でもってその人物いかんを知る」とのべている。

一、諸人に対して、少しも緩怠の気持ちを持ってはならぬ。たとえば、托鉢僧侶や、か弱い婦女子やその他の貧者などにたいし十分に心を用いて、人並み以上に慇懃にしてやらねばならぬ。『礼記』の中にも、「人は礼にかなえば安泰であるが、不礼の行為多ければ、その身も危い」というのがある。

一、武人にとって最も大切なことは、弓馬に対するつね日頃の嗜みである。『論語』に、「わが道でないところにかれこれと手を出して、肝心の己が大道をなおざりにすることは、害ありて益なし」といっている。

一、学問の道についても、決しておなざりにしてはならぬ。『論語』に、「昔の仕方を学び習っても、そのわけがらを考え思わねば、臨機応変の働きを欠いて、学んだことも無益となる」とのべている。

一、歌道についてもまた、嗜みを持つべきである。昔の歌に、「数ならぬ心のどかになり果てししらせてこそは身をもうらみめ」というのがあって、歌の心を重んじている。

一、つねに礼節に対して油断があってはならぬ。『論語』に、「孔子が魯に仕えられた時、君主の祖先の祭が行なわれたので、孔子がこれを手伝って、その廟内に入って、それぞれの係りの人に、その礼式を一箇条ごとに問いたずねていった」とのべてあり、礼を重んじた様子がうかがわれる。

一、風流ということも大切であるが、それを快楽を貪《むさぼ》ることと誤解してはならぬ。『史記』の中に、「酒の度をすごせば心が乱れ、快楽をつくすと悲哀がやってくる」とのべており、『左伝』には、「酒色に溺れ快楽を貪るのは、毒を食べるにも等しいことで、ついにわが身を失うゆえんであるから、気をつけねばならぬ」といい、また、『論語』にも、「善を好むことが酒色を好むほどであったならば、誠があるといえる」と記している。

一、交際の相手に対しては、つねに心を配って、粗略の点があってはならぬ。『論語』に、「無二の親友とまじわって、その友の言葉に対して疑いを抱くことはあり得ない」といっている。

一、何事につけても、つねに堪忍の二字を忘れてはならぬ。昔の物語にも、「韓信という人は、初め家が貧しく、少年の頃に、他人から股の下をくぐらせられたりなどして、はずかしめを受けたが、よく堪忍して、ついには漢の大将軍となって成功した」ということが伝えられているし、また、「一時の怒りのために身を滅ぼす」というような例もあるのである。

一、大事・小事、すべてにつけて、上からの御命令にそむくようなことがあってはならぬ。「水は方円の器《うつわ》にしたがう」という言葉もある。

一、知行とか買い物とかに対して、決して欲望をいだいてはならぬ。『左伝』に、「勲功のないのに賞せられたり、不義の富を得たりするのは、禍いのもととなる」と書いてある。

一、詫び言を繰り返したり、無用の雑談をせぬこと。古語に「貧乏でも富者にへつらいの言葉をいわず、富貴であっても驕《おご》ることのないのを、まことの君子という」といっている。

一、家中の家来どもに対して、慈悲の心を垂れることを忘れてはならぬ。『三略』にも、「民に慈悲が深ければ、手足のように服従するものである」とのべている。

一、家来の者が病気で苦しんでいる時には、たといどのような面倒な事でも、細かい心遣いで指図を加えてやるがよい。『軍讖』に、「武将の部下を大切にすることは、のどのかわいた時に水を思うようなものだ」といっている。

一、忠節の念の堅固な家来を忘れるようなことがあってはならぬ。『三略』にも、「功臣を功臣として優遇しなかったならば、ついには勲功をたてることも忘れるようになるものである」とのべている。

一、不穏《ふおん》の考えをいだく者があったならば、決して容赦せず取り調べるがよい。ただし、その際に、外聞をはばかって行なうことが大切で、その間の事情を十分吟味して、希望は聞き届けてやるように心がけねばならぬ。『論語』に、「正直な人を登用して、これを不正直な人の上の地位に置けば、不正直な人もいつとなく正直となるのであるから、人民もまた、そのやり方に帰服する結果となる」と説いている。

一、諸人から意見があったならば、これにさからうようなことをせず、十分反省すべきである。古語にも、「良薬は口に苦《にが》し」といって、病に効能のある良薬が苦くて飲みにくいように、諫言も、自分にとって得があるが、耳にさからうものである、ということを説き、また、『尚書』にも「曲がった木も墨縄をあてて削れば真直になる。主人も家来の諫めに従えば聖主となることができる」とのべている。

一、家来の者で、その覚悟は十分にしていても、一身上の都合とか、身寄りの者がないとかで、働きの十分でない者がいたならば、一応は憐れんでやるがよい。古語に、「一日の計を立てるには、五穀を播くのがよく、十年の計を立てるには果樹を植えるにこしたことはなく、一生の計を立てるには、人をあげ用いて違算のないことが一等だ」といっている。

一、自分の用事などで、こそこそと裏門から出入りしてはならぬ。『論語』にも、人たる者の態度について、「父子席を同じゅうせず、男女席を同じゅうせず」といって、子たる者の礼、男子たる者の態度を説いている。

一、朋友としてまじわっていた人たちから見放されるようなことがあってはならぬ。つねに仁道を守って、誠心誠意の交際をしなくてはならぬ。『論語』に、「わずかの食事のひまにも、仁の道に違《たが》うことがないように」と戒めている。

一、毎日の出仕に怠るようなことがあってはならぬ。『論語』に、「行ないに余力があったならば、怠ることなく学問に励むがよい」とのべている。なお、出仕の時の注意として、まず、人びとの並んでいる場所へとまって、ようすを見た上で、奥へ通るがよい。そのようにした上で、自分の席に着くのであるが、つねに、その場その場の見合わせということが肝心である。『論語』に、「自分の従事する職務でも、三日もそれから遠ざかっていたならば、日進月歩の世の中であるから、前のとおりの気持ちでやってはならぬ。ことに君子はこのことに注意が肝心だ」といって、細心の注意をうながしている。

一、深く心を知り合った人と一緒になった場合でも、他人のいる前で、雑談や妄語を口にしてはならぬ。「三度も考えた上で一つの言葉を発し、九つの事柄について熟慮した上で一事を行なう」というような慎重な態度をとることが必要だ。

一、参禅して仏法の妙理をきわめ味わうことも大切である。それについて、「参禅するのに、別に秘訣とてあるわけではない。ただ、生死に対する心の在り方を決定することだ」と説かれている。

一、外出先から帰宅する場合には、それに先だって、使いの者をやるがよい。それでないと、急に帰られた場合、留守の者たちも油断していることもあって、行儀も行き届いていないと、自然に小言も出ることになる。叱らなくてもすむのに叱るようにもなってくる。「教えさとさないで責め痛めるのは、人を傷つけるだけだ」という言葉もある。

一、信玄様の御言動に対しては、どのような点についても、とやかくいうことがあってはならぬ。「君、君たらずとも、臣は、どこまでも臣下として務めを果たさなくてはならぬ」という言葉があり、また、「鹿を逐《お》う者は山を見ず」といって、人びとが一方に迷って主を顧みなくなるのを戒めており、さらに、「下位に立つ者は、上位の事に嘴《くちばし》をいれてはならぬ」という言葉もあるのである。

一、召使いの者に対して折檻《せっかん》する場合に、小事の過失は、たんに訓戒にとどめておき、大事の過失、すなわち、赦すべからざる罪を犯した時には、その者の一命をも取り上げなくてはならぬ。『大公』に「嫩《ふたば》のうちに絶たねば斧を用いるようになる」という言葉があるとおり、物事は初期に処置しなくては、ついに滋《じ》蔓《まん》して後には困難するようになるものだと、樹木にたとえて戒めている。なお一言するならば、小さな過ちを取り上げてたびたび折檻していたのでは、ついにはその効力を失って、平気になってしまうものだ。『呂氏春秋』の中に、「命令が苛酷にすぎれば聴かれず、禁事が多きにすぎれば行なわれない」という言葉があって、手加減のむずかしさが、問題にされている。

一、百姓に対しては、彼らに課し与えた義務以外の事について、あまり苦しめてはならぬ。『軍識』に「上に立つ者が悪政を執ったならば、下民は窮迫する。租税がたび重なり、刑罰が無慈悲であるならば、民は残らず破滅する」と戒めている。

一、家中に悪事が起こった場合でも、決してこれを他家に漏らしてはならぬ。「善行は伝わらないが、悪行をなした評判は、すみやかに世間につたわるものだ」。すなわち、「悪事千里を走る」という言葉とおりである。

一、褒美を与えるような善行があったならば、その行ないがいかに大きくても、また、いかに些細な事であろうとも、賞揚することを忘れてはならぬ。『三略』に、「賞は即時に行なえ」といっている。

一、他国の状勢に対しては、つねに注意していて、その出来事についても、事の善悪にかかわらず、よく見聞きするがよい。「好事伝わり難く、悪事伝わりやすし」という語もあることであるし、また『碧巌録』には、「家の内が整備していないと、外に対して活動することもできぬ」ともいっている。

一、多くの者を召使っているのであるから、それぞれその者に対して、その器量に従って使用するようにしなくてはならぬ。古語にも、「良工は使用の材料を選ばず、良将はいかなる部下をも適材適所に置く」とある。

一、武士であるからには、どこまでも武具に対する心がけを怠ってはならぬ。老子の語にも、「何事をなすにも、次第順序のあるものであるから、初めは微細のところから起こる」という意味を、「九層の台も累土より起こる」といっている。

一、出陣の際には、一日でも大将の跡を残してはならぬ。老子の語に、「鐘声を聞いて憂え、鼓声を聞いて喜ぶ」と見えている。

一、馬に対しても、よく手入れをし、愛撫することを忘れてはならぬ。『論語』にも、「犬はよく番の役をつとめ、馬はよく労力を尽くして、犬馬といえども人を養うものである」とのべている。

一、戦場にのぞんで、敵と味方と対陣したならば、敵陣のほうでまだ防備の不十分な箇所をすみやかに撃ち破るがよい。古語にも、「よく敵に勝つ者は、形成が優れていて勝つのではなく、臨機によく敵を制したからである」といい、また、「即戦即決の勝利」という言葉もあるのである。

一、戦争の際に、敵との距離をあまり遠くしてはならぬ。『司馬法』に、「敗走する敵を追うて、軍の列をわれ勝ちに越えて進むことをしない。それゆえ、軍勢を乱さず、行列の秩序を失わず、また、人馬の労力を消耗するようなことをしない」とのべている。

一、味方の勝ちいくさという状況になったならば、その場に足をとめず、一気に敵陣を踏み破るがよい。ただし、この場合に、敵の軍勢が崩れずに手向かって来るならば、一応陣営を整えてから攻め寄せるがよい。『三略』に、「戦いは疾風のごとく攻めよ」というのがある。

一、敵軍が近づいて来たならば、味方の陣営の人数を適宜に配置して、しかも、荒武者でもって陣を固めるがよい。それは、いかなる士卒といえども、怒気が生じて来る時は、目ざましい働きをするものだからである。『司馬法』に、「威力が不十分で柔軟なのは、水の流れの弱いように、人もほしいままにこれをもてあそぶものである。これに比べて、威力が大で剛健なのは火の熱の高いのに等しく、たとい何者であってもこれに屈服し、恐れかしこむものである」とあり、戦争の陣営はことに威力の猛猛《たけだけ》しいのを必要とするのである。

一、敵陣のようすをみて、その勢いが優勢であるとか、防備が完全であるとか、その他、何事によらず、人前で軽々しく談じてはならない。『三略』に、「たとい能弁の士であっても、敵陣の美点を宣伝させてはならぬ」といっている。

一、諸卒の中に、敵方に対する悪口をいう者がいたならば、深くこれを戒めなくてはならぬ。「敵方に刺戟を与えることは、敵の奮起をうながすようなものである」という意味の言葉もある。

一、たとい自分の身近が安全で、地位のある者が親類や周囲にいようとも、自分はどこまでも柔弱の趣のある事柄に近寄ったり、それを見習ったりしてはならぬ。それは、武士として大切な勇気を失いがちになるからで、『三略』に、「上の者に勇気がなければ、役人や武士もこれを軽んずる」といっている。

一、武士としての嗜み以外の事に余分の手出しをせぬこと。古語にも、「好み事多ければ、ついに本道を忘れ、天分の業以外に真の好み事はありえない」といい、また、「過ぎたるは及ばざるがごとし」という言葉もある。

一、敵陣に対して攻撃する際に、敵の防備の怠りない場合には、本道からでなく脇道を求めて、悟られないように工夫をこらして進撃すること。古語に、「敵に見えやすい時には、蔭の道から攻め、敵に見つかりがたい場合には、正面から攻め寄せる」という意味のものがある。

一、たいていの場合には、何か人から質問されても、知らないというほうが無難といえる。「余分の好き事は、持たぬにこしたことはない」という言葉もあって、知らなくてもいい事柄も世の中にはたくさんあるものである。

一、家来の中に、何かの機会に間違いを犯した者が出たならば、よくその事柄を問いただした上で、本人も十分反省して、二度と過失をせぬように覚悟を定めた場合は、できるかぎり寛容な態度をとってやるがよい。「悪事を犯した者も、改心して忠実に働くようになったならば、あえてその過失をとがめない」という意味の言葉も伝えられているのである。

一、父が腑甲斐《ふがい》ない者であって、それを成敗するようなことがあっても、その子が特別に忠義の道を励んだならば、それによって怒りの気持ちをやわらげるがよい。『論語』の中に、「親牛が毛色が悪くて神への御供えに適さなくとも、その子牛が、毛色も角も立派なものであれば、神々はこれを棄て置き給うべきはずはなく、必ずこれを見出して、こころよく受納しますにちがいない、人もこれと同様に、父は善くなくとも、子にそれだけの器量があったならば、用いられねばならぬはずである」といっている。

一、味方の軍勢の動静については、ある時は敵に和して動き、ある時は猛烈に敵を撃破し、また、ある場合には敵の動静に従う、というような戦法も必要である。『三略』に、「敵を知って、期に応じ、所に適して戦う」とある。

一、何事につけても、争うことは好ましからぬものであるから、ゆめゆめ争ってはならぬ。「知徳の君子は、争わずして目的を得る」という言葉もある。

一、善悪の事柄については、十分取り調べた上で質問を与えなくてはならぬ。『三略』に、「一善といえども、これを賞揚することを忘れるならば、多くの善事もしだいに行なわれなくなるし、また、一悪といえども、誤って賞することがあったならば、悪事の数はにわかに増えるものである」とある。

一、食物がどこからか到来した場合には、自分の眼前に伺候している家来たちに対して、少しずつでも分配せねばならぬ。『三略』に、「昔、良将がいて兵士と苦楽をともにし、陣中に酒や食物が送られて来た際には、これらの品々を川の中に投げて、将士が同じようにその流れを飲んで楽しみをわかち合った」という話が伝えられている。

一、つねに功労がなくて立身することは、むずかしいものと覚悟しなくてはならぬ。「千里の道も一歩より始まる」という語もある。

一、貴人に対しては、たといいかなる道理があったとしても、理屈を並べ立てて、自分の意見を強く申しのべたりなどしてはならぬ。「多言は身を損《そこな》う」という言葉もある。

一、過失を犯さぬようにせねばならぬ。もし過失を引き起こしたならば、それ以後はとくに注意をして、決して二度と過失を繰り返してはならない。『論語』の中にも「過失ある時はすみやかに改めよ。恐れて躊躇しているにはおよばない」とか、また、「過ちは皆ありがちなことで、やむを得ないが、過ちを知って改めないのは、真の過ちである」という意味の言葉がある。

一、自己に深い考えと方策とがあっても、それと異なる他人の意見の中に従って差し支えないものがあったならば、それに従うのがよいのである。『論語』にも、「信と義とは別物であるが、信は言行の一致することであるから、義を守るのに似通ったものであり、その口上に偽りがなければ、前にいったとおりに践《ふ》み行なうことができるであろう」とのべていて、自他の間において信用の大切なことを説いている。

一、貴人はもちろんのこと、たとい賤しい者でも、相手が老人であれば、決して軽侮の振る舞いをしてはならぬ。古語にも、「老人に対しては、つねに父母を敬うのと同じにせよ」というのがある。

一、勤めにはやる場合は、朝食も夜のあけ切らぬうちにすませて、つねに敵前において陣屋から出立するような気持ちで出て、再び家へ帰り着くまで少しの油断もあってはならない。「緊張は災害を防ぎ、油断は大敵である」という言葉もある。

一、行儀作法をわきまえぬ者と懇意にしてはならない。『史記』にも、「その人の性行の善悪を知るにはその友人を見ればわかる」といっており、また、「賢者と馴れ親しむのは、梅に鶯の宿るようにいよいよその美を添えるが、卑賤の者とは接触をさけるのがよい」という意味の言葉もあるのである。

一、人に対して疑い深くてはならぬ。『三略』に、「軍勢に対する最大の禍は、各人の疑い深い場合をいう」と説いている。

一、他人の過失について、かれこれと批判すべきではない。「おのれが好むところを他人に与えよ」という言葉もあって、おのれの嫌いなことは他人もまた嫌いなものである。

一、嫉妬をすることがないように誰彼によく申しつけるがよい。「堅固な防備をゆるめるのは、盗賊の横行を許す端緒ともなり、顔に厚化粧をするのは、心を乱す端緒ともなる」のであって、どこまでも高雅な気持ちを維持していなくてはならぬ。

一、弁舌巧みに人にこびへつらう気持ちがあってはならぬ。『軍讖』に、「口弁ある者が上にいて一軍の士卒皆これに迷う」とのべられている。

一、御召しにあずかった際、少しの時間といえども、決しておくれるようなことがあってはならぬ。『論語』の中に、「君の仰せがあって、召される時は、馬車の支度を待たないで、即刻歩いて参上する」という例がのべられている。

一、武略はもちろん、その他のことでも、秘密にすべき事柄に関しては、絶対に他言を慎まなくてはならぬ。『易経』には、「機密なる事柄は慎まなければ、他に洩れて禍をなし、成功を破るだけでなく害をも招く」というのがあり、また、『史記』には、「事は秘密であれば成就し、言語に出すから失敗する」とある。

一、無知な者に対しては、よくよく情を加えてやるがよい。『書経』の中にも、「有徳の君主と仰がれるには、ただ、善政を行なうをもって最上とし、善い政治とは、すなわち、民の生活を全うさせる」にあるとのべられている。

一、神仏を信仰せねばならぬ。「仏の御心に適えば、時宜に応じて力添えをもし給うが、自分勝手に他人と争って勝っても、ついには行詰ることがある」という言葉もあり、また、『左伝』の中にも、「神は非礼なる者は加護し給わない」といっている。

一、味方の軍勢の旗色が悪くなった場合でも、あわてずに、ことさら敵に対して侮蔑の感をいだくがよい。『穀梁伝』に、「善陣はむやみに戦わず、善戦はやたらに死なぬ」とある。

一、酔狂をする連中に取り合ってはならぬ。『漢書』にも、「丙吉という人が宰相御史という高官になってから、酔狂者がその車に狼藉を働いたが、丙吉はそれについていささかも責めなかった」という話が伝えられている。

一、誰に対しても依怙贔屓《えこひいき》があってはならぬ。『孝経』の中に、「天地の、自然に対するやり方を見ると、たとい一木一草でも、その生長の時期を違えることなく、また、日月の万物を照らすのを見るに、たとい一物でも余すことがない。それと同じく、聖君主の人民に対するのを見ると、万人中のたとい一人でも、国法をまげてまで用いることはせぬ」とのべられてある。

一、戦場においては鋭利な刀剣を用いるがよく、決して鈍刀を所持し使用してはならぬ。「なまくら刀は骨まで切れぬ」ともいわれている。

一、宿所にあっても、また、歩行している時も、つねに前後左右に気を配り、いささかも油断してはならぬ。「万事に慎みがなければ、失敗を招くもとになる」という言葉もある。

一、人の命を奪うことは決してしてはならぬことである。『三略』に、「国家を安泰に治め、家庭を平穏にする基は、良い人物を得るにある。国を亡ぼし、家も破滅するのは、良い人物を失うに原因する」とあるとおりに、何事も人物が大切な役割をするもので、かりそめにも人の命を軽々しく取り扱ってはならぬ。

一、隠居をしてから後、その子どもから世話になるようなことではならぬ。

一、ぶらぶら歩きまわって、あまりその度をすごしてはならない。そのようなことに暇な時間のすべてを費やしてしまうのは、やがて奉公をも怠る端緒となるのであるから、よくよく注意すべきである。「終日、外部の俗事にばかりとらわれていて、自分のうちにある良さを見失う」という意味の言葉もあるから、外部にばかり心を走らせているようではならない。

一、あらゆる事柄を見物している際に、見とれてしまって、自他の区別さえ忘れて、油断をするようなことがあってはならぬ。「秤《はかり》の傾きに気をとられて、目盛を間違えてはならぬ」というたとえもある。

一、下々の者に対してつねに注意し、寒さにつけ暑さにつけ、また、風に際し雨に際して、忘れることなく、憐みの心を惜しんではならない。『論語』にも、人民を愛憐しなければならぬことを説いて、「民を使役するのに、春夏秋の忙しい間は、みだりに課役を命じてはならぬ」とある。

一、敵に向かう場合、千人でもって正面からあたるよりも、百人でもって横合から攻めた方が、よほど効果が上がるものだ。古語にも、「千人で門をおすよりも、一人で閂《かんぬき》を守るにこしたことはない」というのがある。

一、わが軍の大将と会う場合には、雑談などしてはならない。少しの聞き違いや勘違いから、大変なことになるもので、古語にも、「毫毛《ごうもう》の差より天地の大差に至る」といって、始めに少し違うと、終わりには大いに謬《あやま》るようになる、ということを説いている。

一、兵法の奥義とか秘術などについて、なお十分知らない点があると思っても、よく心得ているような顔をしていてもかまわないのである。古語に、「その言語を聞いては非常に重々しく感じるが、見た後は軽々しい人だ」といっているのを考えてみても、軽々しく思われぬように重々しくしていねばならぬ。

一、下々の者たちが何かにつけて批判の声をもらすことがあるから、それをよく聞き届けて、たといその中にどんなことがあっても、どこまでも堪忍し、それを参考にして、ひそかに工夫をこらさなくてはならない。ちょっとした点にもよくよく注意し、間違いのないようにせねばならぬことは、「刁《ちょう》と刀の字が似ているのを間違えたり、また魯と魚とをあわてて書き違えたりすることがある」という言葉によって、よく考えてみなくてはならない。

一、主人が御帰陣なさる場合、片時でもそれより先に帰ったりしてはならぬ。「終わりを慎むこと、始めのごとくする」という言葉もある。

一、たとい人がどれほど懇切にしてくれても、裏向きの事に立ち入ってはならぬ。

一、人の前で、食物のことや品物の売買についての雑談をしてはならぬ。人の言語によってその心中も察せられるもので、「金の質を見分けるには火を用い、人の心を察するにはその言をもってする」という言葉ものこっている。

一、たとい親しみ深い人であっても、簡単に用事を依頼することは遠慮すべきだ。些細な事からその仲にへだたりができてはならぬからで、古語にも、「一盃の酒を貪《むさぼ》ったために、かえって船に山積した魚を失う破目になる」とある。

一、党類の者だからといって、特別贔屓《ひいき》にして取り立てるようなことをしてはならぬ。『論語』にも、「君子といって徳の高い人は、他人に対してまんべんなく公平に親切をつくすが、私情によって人の肩を持つことはない。これに反して、小人といって徳のない者は、私情でもって人の肩を持つが、まんべんなく公平に親切をつくすようなことがない」とのべて、君子と小人との違いを教えている。

一、たとい、どのように親しい交際をしている者でも、淫乱にわたるような雑談をしてはならぬ。もしも、他の者からそんな話をしかけられることがあったならば、こっそりとそこから立ち去るがよい。古語にも、「思うことを全部口に出しては笑いの種となる」というのがある。

一、人の前で、みだりに他人を非難するような言葉を、口にしてはならぬ。『戦国策』という書物の中に、「人の善行は褒め讃えるがよく、悪事について語ってはならぬ」とある。

一、筆蹟については十分な嗜みをもつがよい。「三代の遺風も筆墨によって伝わる」という言葉もある。

一、租税に対しては、ある者は労働でもってこれを償い、またある者は知行の中から納めるという場合があるが、つねに知行だけにたよって納めるというやり方は、あまりにも横着で、怪しからぬことである。古語に、「善行は、決して一方に片寄った態度とならぬものだ」といっているし、また、「春光うららかに見えるのも、花の枝におのずから長短があるからだ」という言葉がある。

一、敵に対した場合に、たとい相手が大勢であっても、そなえが不完全であったならば、撃退することができる。その反対に、小勢であっても、防備が完全であったならば、撃破することも困難であって、十分なる戦略を用いなくてはならぬ。兵書の中に、「陣列の盛んな敵に対して手向かってはならぬ。旗並みの正しい敵をむかえてはならぬ。これに対して戦うには、つねに急遽なるをもってよしとする。急遽敵の不意を突く時には勝利疑いないので、かくはいうのである。昔、常山に蛇がいて、その蛇に両頭があり、一頭に触れれば他の一頭が来たり、その中央に触れると両頭が同時にやってくる。このように、戦いにのぞんでは、左右前後相応じて敵に乗ずる隙を与えず、味方からは敵の隙に乗ずることが肝要である」とのべている。

一、儀礼によって定められた兵士以外の者には、特別の体裁をなして起居動作をしてはならぬ。『論語』に、「君子たる者は、落ち着いて、重々しくあるべきだ。さもない時は、威厳がなくなって、人にあなどられるものである」とあって、軽々しい態度を戒めている。

一、何事をなす場合にも、つねに油断があってはならぬ。『論語』に、「毎日幾度となくわが身を振り返って、油断があるかないかに気をつける」という言葉がある。ついでに注意するが、たとい、夫婦二人でいる場合でも、刀を側から離してはならぬ。「人を殺すも剣、人を活かすも剣」という言葉もある。また、風呂にはいった際に、顔や手足の垢を他人に取らすようなことをしてはならぬ。また、ふだんなんでもない時に明りを燃やしておいてはならぬ。

一、何事をなすに際しても、退屈の心を起こして怠るようなことがあってはならぬ。『孟子』の言葉に、「聖天子舜の御代の人民は、努めて怠らず、よく栄えた」とある。

以上の九十九箇条は、みだりに口にしたり、他言したりすべきものでなく、むしろ遺書ともいうべきものである。

本文は、これで終わっている。奥書には、「永禄元年戊午卯月吉日」の日付の下に、「武田左馬助信繁在判」と書し、宛書は「長老」とある。この「武田信繁家訓」は、「信玄家法」とともに、『甲陽軍鑑』によって伝えられ、「群書類従」の武家部や、「日本教育文庫」の家訓篇などに収められている。

毛利氏の家訓

毛利元就の家訓

毛利《もうり》元就《もとなり》が、三人の息子を臨終の病床に呼び寄せ、弓の矢をもって教訓したことは有名な話である。昔の小学校の教育掛図などには、やつれ果てた老武士の寝床のそばに垂れ髪のわらべが三人端坐し、めいめいが弓の矢一本ずつをたずさえ、父親の訓戒を傾聴している絵さえあった。けれども、元就が病死したのは元亀二年六月、彼が七十五歳の夏のことであって、長男の隆元はすでに九年以前に四十一歳で病没し、次男の元春は、尼子勝久を伐つために出雲国高瀬に陣取っていたのであるから、三人の子どもが元就の臨終の病床に並んで教訓を受けようはずがないのである。それに、元就臨終の元亀二年当時は、三男の隆景の歳でさえすでに三十九に達していたのである。垂れ髪のわらべであろうはずがない。

もっとも、元就には、隆元・元春・隆景の三人のほかに、元清・元秋・元総という三人の子どももあり、臨終の当時、元清は二十一歳、元秋は二十歳、元総は十七歳であった。それだから弓の矢の話は、この三人の若者たちに教訓した話と考えられなくもないが、それにしても、教育掛図の絵は、あまりにも架空なものであるように思われる。

それならば、どうしたわけで弓の矢の話が伝わったのであろうか。いったい、元就が臨終に遺言したというのは、「毛利元就記」「安西軍策」「陰徳太平記」「温故私記」などという毛利家関係の記録には全く見えない。『吉田物語』という本の巻十一に、「元就公他界之事付御遺言之事」という一条の記事がある。しかし、これも俗説に伝える遺言とは全く別な事である。それならば、俗説の出典はなんであるかというに、江戸時代の中頃に酒井家の家人が編纂した『前橋旧蔵聞書』という本に初めて見えている。

すなわち、元就が死にのぞんで暇《いとま》ごいに大勢の子どもを呼び集め、その子どもの数だけ弓の矢を取り寄せ、これを一本ずつ折ればわけなく折れるが、一束にして一気に折ろうとすればなかなか折れない。各自一味同心の思いをなせば、他から破られるはずがない、と遺言すれば、隆景は、すべてのことは皆欲から出るのであるから、欲を棄て義で結べば、兄弟の間が不和になることはありますまい、といったので、元就も非常に感心して、皆それぞれ隆景のいうことに従ったがよい、とさとしたという。

この話は、いったい何によっているかというに、中国の『西泰録』という書物に見える吐谷渾阿柴の故事によって創作しているのである。『近古史談』の著者大槻磐渓は、これを東西の暗合であると評しているが、決して暗合ではない。中国の故事を基として国史を創作したものである。漢学全盛時代には、こんなにしてまでも、わが国史を粉飾していたのであった。

ここにあげた元就の遺訓というものは、毛利家の秘庫に伝えられたもので、元就の自筆になるものである。臨終の遺言として書かれたものでなく、弘治三年、すなわち元就死没の十四年前に書かれたものである。明日をも知れぬ生命に対して観念するという心構えを忘れず、つねに万一の場合に備えていた武将元就の嗜みの一端を示すものである。

この遺訓は、まず懸紙に隆元、元春、隆景と三人の息子の名前を掲げ、「進之候」と書き、その下に「右馬」と署している。「右馬」というのは、右馬允元春の略である。次に二字下げて追て書を記し、それから本文十四箇条にわたって諄々と説得し、「霜月廿五日」と日付を書き、その下に元就と署し、宛書きに、隆元、元春、隆景と列記し、「進之候」と書いている。全文が元就の自筆になる。文章の変わっている点は、同じ語句をしばしば繰り返していることであるが、これは元就の自筆書状につねに見られる癖である。そこで、全体の文章を口訳して、次に掲げることにする。この家訓の妙味をとくと味わって頂きたい。

隆元、元春、隆景の三人の御覚悟について、その旨をいよいよこのたび申し伝えることに致した。今後御三人がその趣旨をよく体していかれたならば、毛利家も、まことに千秋の後までも繁栄致すことと存ずる。

一、幾度繰り返し申しのべても同じことであるが、当家の家名である毛利の姓を、ば、行くすえ長く維持して、子孫末代の後までも相続するように、つねに努力するお心がけを持たれることが大切である。

一、次男の元春と三男の隆景との御両人は、それぞれ吉川・小早川という他家を相続して、その姓を名のることになったのであるが、それはほんの当座の事であって、どこまでも毛利氏の生まれであるからには、毛利という家名を軽んじおろそかにし、夢にもお忘れになるような事があっては、まことに不都合千万歎かわしい次第である。片時といえども、そのようなことがないようにせられたい。

一、別段事新しく申しのべるまでもないが、兄弟三人が少しでも仲たがいするようなことがあったなら、もはや三家が三家ながら滅亡するものと考えられたい。他の人たちとは違って、わが毛利家の子孫といえば、世人もとりわけ憎しみを持っていて、時の前後はあっても、一人として決して容赦は致さないであろう。たとい御家の維持ができたとしても、名誉を損じ、あるいは三人の内の一人二人が、かろうじて家の維持をしたのでは、なんら物の役に立たぬことである。

一、長男の隆元は、元春・隆景の御両人を力に頼み、内外にわたっての諸事を処理せられたく、そうしたならば、なんの支障や邪魔も起こらないであろう。また、元春・隆景の御両人においても、当毛利家さえ堅固であったならば、その威光によって、おのおのの家中の処理は意のままとなるのである。当今においては、われらの家中もそれぞれ思いのままに処理が可能と見られるが、もし万が一にも当毛利家が衰微していくようなことがあったなら、家中の人びとの心も移り変わりやすいものであるから、御両人の者も、この御心がけが肝心である。

一、先般も申し聞かせたとおり、元春と隆景の御両人が隆元の意志と幾分違うようなことがあっても、隆元はただひとえに親の気持ちともなって、いつも堪忍しなくてはなるまい。そしてまた、隆元の意見が御両人と異なる場合があっても、その時は御両人の者がそれに従って行かなくてはならないのである。御両人の者が当地に参られるような場合には、当然、福原や桂などと上下協力して、いかようにも隆元の命令に服従しなくてはならず、たといいまは御両人が他家の相続をしていられても、つねに心の中では、この御覚悟が大切である。

一、孫の代までもこの教訓を遺し伝えたいと思う。そうすれば、毛利・吉川・小早川の三家は何代の後までも継続ができると存じ、わが願いは左様な次第であるけれども、所詮それは遠い未来の事とて、思い及ぼすのもむずかしいことである。願わくば、三人の者がせめてそれぞれの御一代だけは、なんとしてもこの御気持ちを十分に持たれなかったならば、名誉も財宝もともに失ってしまうことになるであろう。

一、亡くなったあなた方三人の母である妙玖どのに対する御追善も、御供養も、あなた方としては、私の意見に御従いなさる以上のことはないのである。

一、隆元にとっては妹であり、元春、隆景にとっては姉である五竜の宍戸隆家夫人のことについては、自分としても不憫に思われる点が多く、あなた方三人も、どうか私と同じ気持ちになって、あれが一代の間は、みんな差別のない待遇を致されなかったならば、元就の気持ちとしてまことに不本意であり、その時には三人を御恨み申しますぞ。

一、現在虫けらにもひとしい小さな子どもたちが成長しつつあるが、これらの中で知能も普通に成人し、あるいは精神も人並みに成育する者があったならば、憐愍の情を惜しむことなく、何ほど遠隔の地であろうとも、これに封禄を与えてやってほしい。また俸禄の者として不十分な心構えであったなら、政治の掟としていかに処分致されても差し支えなく、異存はないのである。今日まで自分の抱いていた気持ちは、正にこのとおりである。なおまた、あなた方三人と五竜に住む宍戸隆家夫人との仲に、少しでも気まずい思いがさすようになったら、この元就に対してこの上ない不孝と思われて、分別していただきたいのである。

一、我らは、思いの外多人数の者を殺しているのである。それ故、この応報は必ずやって来るものと、あなた方に対しても、内心気の毒に思っている次第であるが、あなた方も十分この点を考慮して、何事に限らずつねに慎んで頂きたいのである。万一、元就が生存中にこの報いが来るとすれば、別に申し上げる必要もない。

一、元就は二十歳の時に兄の興元に死に別れ、それ以来、今日まで四十余年の歳月が流れている。その間、大浪小浪の起伏絶えることなく、弓矢取る身のわれわれも人も幾転変を重ねて来た次第である。その中で、この元就のみがよく生命をも全うし、今日のような隆昌を見るに至ったのは、思えば不思議なこととも いえよう。われとわが身を振り返って見て、格別健気な心がけでもなく、また、筋骨隆々たる荒武者でもなく、智恵や才能が人一倍あるでもなく、されば とて正直一徹のお蔭で神仏からとりわけ御守護を頂くほどの者でもなく、何と てとくにすぐれていないのに、このように難局を切り抜けて来たのは、いまさ らながらその理由の了解にさえ苦しむところである。長い過去を想い浮かべて みるにつけても、今となっては、もはや気安く平穏な余生をも送りたく思うの であるが、今日の場合、そのようなことをいっておられぬのも、詮方ないこと である。

一、我らは、十一歳の時猿懸城の麓の邸宅に過ごしていたが、その節、井上河内守光兼の所へ一人の旅僧がやって来て、念仏の秘事を説く講が開かれたので、大方様もその席に御連なりになって功徳を受けられたのであった。その時、自分も十一の歳で伝授をお願いし、今なお毎朝祈願を欠かさずつづけているが、それは、朝日を礼拝し念仏を十遍ずつ唱えることである。そうすれば、行く末は無論、現世のしあわせをも祈願することになるとのことである。また、われわれは、昔の事例にならって、今生の希望をお日様に対してお祈り申し上げるのである。もしこのようにすることが一身の守護ともなればと考えて、とくに大切な事として申すのであって、御三人の者も、毎朝怠ることなくこれを実行せられるよう致されたいのである。お日様、お月様、いずれに対しても、同じ気持ちでよいと思う。

一、われは、昔から不思議なほど厳島明神を大切にする気持ちがあって、長い間信仰の祈念を捧げて来たのである。そのうち、最初の合戦として、折敷畑の戦にのぞんだが、すでに戦端を開いた際、厳島から棚守左近将監の使者として石田六郎左衛門尉が御久米と巻数を持参して来たので、さては御神慮を忝《かたじけの》うしたかと、勇気千倍して奮闘した結果、ついに大勝利を得た次第である。その後厳島に要害を築こうと思って船を渡していた際、突然敵の船が三艘来襲したので、味方もこれに応戦し、たくさんの首を討ちとって、それを要害の麓に並べて置いたこともあった。その時、わが心中に、さてはと思いあたったのは、それが厳島で大勝利を得る前兆でもあろうということで、いざ元就が渡ろうとする矢先にこのような瑞兆があるとは、なんたる有難い厳島大明神の御加護であろうと、心中まことに安堵致したわけである。このような次第で、おのおのもまた厳島明神を御信仰なさることがまことに肝要と思い、元就としてもこの上なく希望するところである。

一、今までしきりにいっておきたいと思っていたことを、この際ことごとく申しのべた次第である。もはやこれ以上何も話することもない。ただただ本望この上もない。目出たい目出たい。

なお、このほかにいい落としたことがあったならば、また思い出した際に重ねて申しつかわすことにしよう。また、この文面で文字を落としたり、てにをはの違ったりした箇所もあることと思うが、適宜推量して読んで頂きたい。

元就の遺訓は、この十四箇条からできているが、まず、第一条より第五条までは、毛利家が永続し、吉川・小早川両家が隆昌におもむくには、隆元・元春・隆景はいうまでもなく、毛利・吉川・小早川の三家が互いに提携し、協力してやって行くことが肝心である、ということを繰り返し繰り返し論じ、また元春が吉川家を継ぎ、隆景が小早川家を相続したのは、いわば仮りのことであるから、その宗家である毛利家のことを片時も忘れてはならぬとさとし、毛利家がわずかに安芸の国吉田三千貫のうちから起こって、安芸・周防・長門三箇国の領主となったのは、全く意外の幸福といってよい。したがって、他の大名や豪族の嫉妬を招くのは自然の結果であろうから、汝ら三人は、ことさらに一致協力して毛利一家を守るために尽くさねばならぬ、といっている。この元就の言葉を心に銘記してこそ、初めて毛利家の基礎はいよいよ強固となるのである。

もし不幸にも、汝らが元就のこの言葉を服膺《ふくよう》しないで、お互いに自分勝手の心で反目するようであったなら、その時こそ三家滅亡の時と思ってよい、と説明し、また、長男の隆元はとくに三家の相続者であるから、次男の元春や三男の隆景の輔佐によって、内外の政治を執り行ない、また、元春・隆景の両人は毛利家を力と頼み、その威力によってそれぞれ領内を統治すべきである、とさとしている。その論ずるところは、一々適切であって、よく元就の胸中の秘密を吐露し、毛利家の将来を慮《おもんぱか》る熱情の紙面に躍動しているのが感ぜられる。

第六条には、これまで説いてきた五箇条の教訓は、これを三家の子々孫々までにこそれぞれ服膺《ふくよう》させたなら、未来の事は予測し難いが、せめて隆元・元春・隆景三人一代の間だけは必ずこの趣旨にそむいてはならぬ、とさとしている。

第七条の妙玖というのは、元就の奥方のことである。すなわち、吉川国経の娘で、隆元・元春・隆景らの生母にあたる婦人であるが、すでに天文十四年十一月に亡くなっていた。それで、元就は、三人の息子にとくにこの亡き母の妙玖のことを追懐させ、亡き母に対して孝養をつくすにも、この訓戒を守るにこしたことはない、と説明している。

第八条に、五竜とあるのは、元就の娘で、隆元の妹、元春や隆景の姉にあたる婦人である。安芸の国五竜城主宍戸隆家の奥方である。三人はこの五竜に対して仲たがいなどあってはならぬ。男の兄弟の間だけでなく、姉や妹に対しても仲よく、お互いに助け合わねばならぬ、とさとしている。

第九条には、隆元・元春・隆景・五竜の四人の子どものほかに、なお幼い子が数人あるが、これらはたいてい愚かな者であるから、成長の暁は、三人の考え次第で、たといどのように処置せられても、元就として敢えて異存はない、といい、第十条には、元就の過去を追懐し、大永三年八月彼が毛利幸松丸の跡を相続して以来ここに至るまで、わずか三十五年の間に、近親または家来の中で、非業の死を遂げたものがすこぶる多く、同年八月弟の元綱を誅し、天文十九年七月には井上元兼一族を滅ぼし、同年九月には吉川興経を誘殺した。これはみな元就の意志から出たことである。それで、その因果の応報を恐れ、将来を憂えたあまりに、三人の子どもにこの秘密を物語り、大いに将来を警戒させたのである。ここに幼少の子どもというのは、元清・元秋・元総の三人を指している。当時、元清は七歳、元秋は六歳、元総はわずかに三歳であった。これらの幼児は隆元兄弟にとっては異腹弟にあたる者であった。

第十一条には、元就が兄の興元に死別してから四十余年経ったその間に、吉田三千貫の土地から勃興して、東西に奔走し、大小百余の戦争をなし、幸いに寿命を全うし、ついに安芸・周防・長門の三国を平定することができたのは、才智経略がとくにすぐれていたわけでもないし、また、正直で神仏の加護を受けたわけでもない。全く僥倖に過ぎないのである。今や軍事から遠ざかり、静かに余生を送ろうという願いを持っているが、小笠原・本城の諸士は石見に、尼子の豪族は出雲に割拠し、宇喜多氏は備前に、大友氏は豊後にあって、それぞれ国境に対峙し反目しているのを見るにつけても、中国を平定しようという年来の願望を遂げられぬのは、やむを得ないことである、とのべている。

第十二・十三の両条には、元就は幼時から神仏に対する信仰の念が深く、十一歳から当年六十二歳に至るまで、毎朝太陽を拝み、念仏を唱え、ことに厳島明神の加護によって戦争に勝ったことが多いので、信仰と崇拝とを怠らない。したがって、三人の息子もまたこの意味を了解し、神仏を崇拝し、ことに厳島明神を信仰するようにすめている。

第十四条には、お前たち三人が以上のべた条文を服膺さえすれば、またほかになんらの希望することもない、といって全文を結んでいる。

全文十四箇条を通じて、毛利・吉川・小早川の三家が将来世に処すべき秘策を、繰り返し繰り返していねいに教えている。その国を想い家を思い子を愛する熱情と、神仏に対する崇敬の念とは、脈々として文外にあふれ、紙面をおおっている。

この元就の遺訓と同じ日にさらに長男の隆元にだけ与えた訓戒状も伝わっているが、次のようなものである。

前の書状の中に申しのべるはずであったが、このことは三人にとっては、恐らくお守りにもまさって重要なことと思われるので、またここに別紙として書きしたためることにした。すなわち、御三人の間柄で少しでも仲たがいをし、お互いに恨み合う気持ちでも出て来たならば、もはや結局この三家は衰亡するものとお思いなさるがよろしい。ただ今のところ、当家にとっては、特別に御守りもいらず、思慮をめぐらすこともない。ただただこの点のみ大切なことと思うのである。それゆえ、よくこの協力一致のことを考えて、御三人は申すに及ばず、子孫に至るまで十分に守って頂きたい。このことは、かの『張良の兵書』一巻にもまして大切であって、今のように三家が一致の誠を致すならば、どのような事があろうとも国中の人から乗ぜられる隙はなく、また、他家や他国の者から侵される怖れもないのである。

一、この毛利家の繁栄を願う者は、他国においてはもちろんのこと、当国においても一人としてないのである。

一、当家中といえども、あるいは人により、あるいは時によって、毛利の一族をさのみよく思わぬ者が多い。これはとくに注意してほしい。

一、三家が現在のように一致和合しておれば、毛利の家中は隆元が一存にまかせることができ、また、小早川の家中は隆景の意にまかせられ、吉川の家中は不安なく元春にまかせられるのである。しかしながら、その間に少しでも不和な事が起これば、まず家中の者からあなどりの気持ちを向けられ、何事につけても成し遂げることが不可能となるのである。そのようなわけで、当毛利家を始めとして、吉川家や小早川家にとって、これ以上の大きな事はほかにない。ただこの一致和合の一言に尽きるのである。三家における兵法一巻の書とは、正にこれであって、何よりも心すべきことである。したがって、露ほどでも兄弟の仲に和合を欠くようなことがあらば、その時こそ当家の滅亡と思し召されて、どこまでも一族の繁栄を計って頂きたいのである。なお、亡母の妙玖が生きていたならば、このようなことは、すべてその口から話し伝えられるのであるが、今は何事もわが身一人で気遣い致さねばならぬ次第である。

この書面は御覧ののちにまたお返し願いたい。

この訓戒状の内容も、三人の息子に与えたものと同様であるが、とくに、当家のためによい事があるように思っている者が、他国においてはもちろん、当国にも一人もないことであろう、と記しているのは、元就の心中を最も正直に告白したものであって、戦国の世の定めなき人心の動向を指し示したものといってよかろう。実に油断も隙もならなかった。そうした実情を胸に沁み込ませるように教訓する必要があったのであろう。

隆元・元春・隆景の三人は、父元就のこの懇篤な教訓に接すると、その翌月の二十六日に連署して、十四箇条の各条に対する奉答文を捧げ、今後その趣旨を服膺せんことを誓ったのである。奉答文は八箇条からできており、元就教訓の各条に対して、一々答弁し、謹んでその教えを守らんことを誓ったものである。

なお、この頃とくに三男の又四郎隆景に与えた元就自筆の教訓状がある。その内容は、だいたい次のようなものである。

たといどのような事があろうとも、堪忍しなくてはならぬ。自分らは、兄の興元が死んでから四十年もの間、井上党の者どもを主人として奉って辛抱していた。その間のくやしさというものは、どのようなものであったか、想像してほしい。四十年の長い間のことであるから、その辛抱も容易なものではなかった。

すべてについて、いい加減のことをしてはならぬ。第一、その家の主人が家内の者を失うということは、手足を斬るようなものであるから、最もいけないことである。これまでは、家中の者どももお前様を褒めているように聞いていたが、万一にも見苦しいことを行なったならば、意外にも見下げられることであるから、よくよく注意せねばならぬ。すべて主人が家内の者を失うことは、その主人が無器用だからである。器用ならば、そのようなことはないはずである。この毛利家などは、興元が死んで、幸松殿が御幼少であったので、井上党などのいうことを聞かなかった。その後を元就がついだのである。元就は生まれつき甲斐性がなく、それを矯《た》め直すことができないから、年月を過ごし、いよいよ悪い習慣が抜けなくなった。隆元の代にもこの悪い習慣がつづいたのであるから、もはや家運の末であると思って、思い切ったこともせねばならなくなった。その家の主人が器用であったならば、人を失わないで、よく治めて行けるわけである。これが本当のことである。この毛利家なども、われわれの祖父の豊元や親の弘元などが物わかりもすぐれていたので、人を一人も失わず、しかも家中の者が畏れ敬ったことは、比べものがないほどであった。それが本当のことである。よくよくこの理をわきまえるように、くれぐれも申し添えておく。

これは、元就がいままでの行きがかりから毛利家のさわりになっていた余党に対して、思い切った処置を採らねばならなくなった時、自分の今なすことは致し方のないことであるが、これは本当のことではない。いやしくも家の中に属する者を失うということは、その家の主人が無器用だからである。器用な主人は、家の中の者を失うことなく、しかも立派に威厳を保って行くものである。毛利家の祖先には、それについて見事な模範を示した方々があった、といって、隆景の将来進むべき道を示したのである。

この事あって以来、毛利・吉川・小早川三家の間柄は一層親密となった。隆元は、元就の長男であるが、父に先だって永禄六年八月四日急病がもとで没した。時に四十一歳であった。彼は父元就を助けて生涯各地に転戦し、毛利氏の覇業は彼の力によるところ大なるものがあったが、弟の吉川元春や小早川隆景ほどその名が後世に知られていない。これは、父の元就があまりに有名すぎたために、隆元の事績が元就の業績の中にかくされてしまった結果であろう。

彼は父の片腕となり、孜々《しし》として軍事その他に奔走するとともに、よく父の教訓を守り、孝養の限りをつくした。純情をもって父を敬愛し、いかにしたならば父の功業をなしとげられるか、またいかにすれば父のよき後継者として国を興し家を守り得るかと、暇さえあればそうしたことを考え、つねに自己を反省し、その任にたえ得るか否かを恐慮していたのである。

これは、一つに、温良であって、しかも細心な彼の性格のしからしめるところであったが、一つには、父の庭訓を基礎として培われた伝統的な精神にほかならぬのである。彼は、父元就の与えた十四箇条の教訓状の実物を保存して家の守りとし、つねにその趣旨を守ることに努力し、日課として、毎日早暁に起き、まず亡母のために念仏百遍を唱え、次に自己の逆修《ぎゃくしゅ》のために二百遍、都合三百遍の念仏を唱えるといったありさまであった。念仏を唱える回数が、父の教えより数十倍に増加していることは、それだけでも、彼が父の教訓よりもさらに一歩を進めようと努力した形跡をありありと物語っているといってよかろう。

吉川元春の教訓状

次に元就の次男吉川元春《きっかわもとはる》が、その息子の経言に与えた教訓状をあげてみよう。元春は、小早川隆景が智将として知られているのに対して、武将として有名であった。かの羽柴筑前守秀吉が、織田信長の命を受けて播州に出陣し、さらに備中に進み、高松城を取り囲んだ時、その後詰《ごづめ》として、毛利家の当主輝元にかわって出陣し、秀吉の大軍に対して一歩も譲らず、これを牽制したことは、有名な話である。しかも、尼子攻めの陣中に『太平記』をひもといたことは、武の一面に文を忘れぬ名将の嗜みを物語って余りがある。次の教訓も武将元春としては、すこぶる異色のあるものであろう。

今朝およこしなされたお手紙は、御返事のこととて、くわしく拝見致しましたが、いよいよ慶賀の御事に存じ上げます。

一、あなたの御身の上に関し、平素拝察している私の所感までに、希望の点を申し上げたのでしたが、あなたは、それについてしっかりとお考えになり、私の意見にお従いなされるとのこと、何よりもうれしく思いました。いよいよそのお覚悟をきめられたからには、今後思いあたる節に出会ったならば、よくよく反省してみて、矯め直してゆくようにして頂きたいものです。

一、よく冗談にお話ししているように、あなたにとって、身づくろいということは、非常に大切なことでありますから、あるいはお気持ちにそぐわない点もありましょうが、私の意見に対して従って下さるようにお願いします。あなたのお気に入らないようなこともありましても、お約束によって申し上げるわけです。そこで、まず申し上げたいのは、あの額髪《ひたいがみ》をお取りあげなさることです。あれは今時の流行であって、人によってやるものです。だから、あなたがあんなものをぶらさげていてはいけませんね。あなたはしあわせにも障害を持ってお生まれでない。完全な五体を持ちながら、少しの不注意で顔かたちも人から悪く思われるようになさることは、あなたの下ごころは致し方ないとしても、この世に育てて貰った両親に対するこの上ない御不孝といえます。二親が人並みにこの世へ送り出して下さったのに対しても、その身のとりつくろいの拙さで、人から悪く思われたのでは、実にけしからぬお心持ちという外ないのです。

この点については、兄上元長もよく存じていることでありますから、いまさら私などが申し上げるまでもありますまい。あなたがもし額髪を取り去って、鬢《びん》も付けたならば、今よりもなお一段と御器量が増されるのでしょうが、今していられるように、ちょうど商人か、見世物か、または恵比須舞いの供かなどのような御様子は、私としては、いっこう合点のいかないところです。そんな御様子をなされたならば、多くの人は健気なお方だとでもいうのでしょうか。たとい人がどういったとしても、そのような世間の風評にかかわっていてはなりませぬ。自分の身づくろいの出来栄えは、人から見て批評してもらわぬと駄目です。それを自分で御覧なされることはとうていできるものではありませぬ。ただ、それも人の目でなく親の目で見て、よいようにと思うていった言葉に従えば、決して悪いようにはならぬものでございます。そうは申すもののあなたはどうお考えになりますか。私の意見どおりになされたくなくとも、それが親孝行だと思召されて、この手紙に示したとおりになさるように心得られたい、と思うだけです。

一、外出なさる場合も、よく注意しておとりつくろいなさるがよろしい。その際の着物の着方についても、簡単に商人などが着るように着たり、また、首に巻きつけるような格好で御召しなさったならば、はたの見た目も実に笑止千万なことであります。そのようになされたところで、健気に見える点は少しもありませぬ。着物は普通に正しく御召しになるのが最もいいことなのです。小袖などについては、今後私どもが十分手落ちなく心配しますから、御心遣いは御無用と存じます。

一、御座敷の中での礼儀についてでありますが、あなたがこの前御盃を頂戴なさったのを拝見していると、目の高さあるいは鼻の高さのあたりに持っていって、礼をなさっているようにお見受けしましたが、あれはいささか軽々しく感じられましたから、今後は十分注意なさって、礼拝して頂戴するほどの人から貰う御盃ならば、目の上より高く持っていって礼をせられたがよいでしょう。また、人から敬礼をお受けなされた時の御挨拶も、目で礼をなされたようにお見受けしましたが、あれもまた軽々しい振る舞いと思いました。今後はよくおかがみになっててていねいになさるがよろしいと存じます。

一、座敷での立ち居の御様子は、今少し御改めなさらなくてはなりませぬ。この点に関しては、お会いしてお話し致さなくては御説明申しかねるので、いずれ静かに御面談申し上げたいと思います。

一、私どもはつねに旅宿をしがちです。あなたの御宿から私の宿へ御訪問なされる時のことでありますが、供人はそれ相当の人数を召し連れ、甲冑や、それと定められた道具は、供の者にお持たせになり、それから御出むきになってこそ、私の気持ちにも適うというものです。それは、外見もよく、また、用心にもなることであります。

一、心の中につねに元就公の孫であることを忘れず、元就公の御名を汚すようなことのないように御心がけになることが肝要です。それは、私たちのためであることはいうまでもなく、あなたの御心の中につねにお忘れになってならないことを申し上げたわけであります。

一、あなたの両親である私ども二人に対して、つねに気をつけて下さることは、私どもとしては、もちろん御願い致すばかりであります。人は年寄になって来ると、力が無くなるものでして、家中の者どもも、若い時分とは違って、侮《あなど》りはじめるものでありますから、それをわが子の力によって抑えつけないことには、致し方のないものであります。

一、　申すまでもないことと思いますが、兄上元長に対しては、どのような意見の違いがありましょうとも御従いなさるように、しっかり御決心なさってほしいものです。また、元棟に対しても、元長ほどには思召されなくとも、あなたにとっては兄上であることゆえ、よく御服従になって、つねに仲よくし、他人が悪口をいうことがありましても、そんなものには耳をかさぬように、平常の御心持ちが大切ですよ。

一、家中の者に対する御心持ちとして、子どもや兄上元長に対して真心をもって奉公しなかったり、または不忠の徒や、悪心を抱いている者たちと、懇意になるようなことがないように、注意なされたい。その御心得が肝心と思います。

一、数多《あまた》の人たちに対して、依怙《えこ》贔屓《ひいき》なく、よく目をかけてやって頂きたい。人びとに行きわたらないなさけは、なんの役にも立たぬものでありますから、そこの御分別が大切です。

一、この手紙に書くことのできなかったこともたくさんありますが、それについては、のちほどお会いしてお話し致しましょう。

この訓戒状は、前後の関係から考えると、天正九年のものであって、日付は二月十九日になっている。時に経言は二十一歳の若殿であった。この若殿の日常の嗜み、一挙一動について、細かい批評と注意とを与えているのである。この前後にも、元春は、元就以来の毛利家の掟を受けついでいろいろな方面の注意を与えているのであるが、ここに至ってとくに日常の服装や立ち居振る舞いなどについてていねいに教訓し、家中若侍の模範となるようにさとしている。

第一条には、経言がこれまでにいろいろと元春の注意したことをよく聴きいれたのを喜び、第二条には、額髪をいつまでものばしているのは、当世の流行であろうが、それは人の身分によることであるから、そなたなどは、そのような真似をしてはならぬ。流行を競うような浅はかな心がけでは、親に対しての不孝である。額髪を取り除いて鬢をつけたならば、一層器量もあがるのに、まるで商人か放下《ほうか》や恵比須舞いなどのような作りをしているのは、なんともその気持ちがわからない。それでも世間の人びとは健気者と思うのであるか。人の身の作りというものは、自分ではわからぬ。人が見て初めてその良い悪いがわかるものである。親の目から良いように見えたならば、悪いことはまずないものである。

それから第三条には、外出の際には身なりや衣紋《えもん》を取りつくろって威儀を正さねばならぬ。まるで商人の物聞きのように首を巻くような着物の着方をしているのは、いかにも困ったものである。そのような着方をしているのは、特別良いことでもなかろう。型のごとく衣紋を召されたのがよい。

第四条には、座敷の中で行なう礼儀のことに及び、盃の戴き方が、目や鼻の高さで戴いているようだが、それはちと粋にすぎるようである。いやしくも、盃を戴かねばならぬような人の盃であるならば、目の上の高さで戴いてしかるべきである。また、人の礼を受ける時の挨拶も、目でやるようなのは困る。もう少しかがんでやってほしい。

第五条には、座敷の中での立ち居振る舞いを、もう少し直してほしい。

第六条には、旅行中は、その分限に従って人数を召連れ、持道具などを身分相応のを整えてほしい、第七条には、いやしくも元就公の御名誉を汚さないように心がけてほしい。

第八条には、われら両親に対して心を配ってほしい。

第九条には、兄の元長や元棟を敬って、互いに仲よくするように心がけることが大切である、とさとし、第十条には、家中の家来どもの中で不忠な者や不奉公の者を近づけてはならぬ。

それから第十一条には、諸人にへだてなく、目をかけるように心がけてほしい、といい、最後の第十二条には、なお、この書面の中に書けないことが多いが、それは、お会いして一々聞いて頂くことにしたい、といって、全文を結んでいる。

これによってみると、当時の武人は、戦場における駈引きや武芸にさえ巧みであったなら、それでよしとしたのではなく、日常の心がけに重きをおき、家庭の教えを基として、武人である前に、まず、嗜みの深い人間であらねばならぬ、といった点に力を入れていたことがわかるのである。

元就の長男隆元が没した後は、隆元の長男輝元が毛利家を相続し、元就の遺訓にもとづき、叔父元春、隆景の輔佐を仰いで万事を処理したのである。ある時などは、一書をこの二人の叔父に与えて、これから後はあなた方のことを親とも兄弟とも思ってお頼みしたいから、よろしく御指南をお願いしたい、とのべている。それで、二人の叔父も、深く元就の遺訓を奉じ、互いに協力して輝元を輔佐し、敢えて怠ることがなかったのである。したがって、中国地方における毛利氏の勢いは日ごとに盛んになり、元春は山陰地方において出雲の尼子勝久およびその家来の山中幸盛の兵を破り、隆景は輝元を奉じて山陽地方にあって備後を平定し、備中に侵入することができたのである。

天正元年、将軍足利義昭が織田信長と仲違いをし、備後の鞆《とも》に来た時、元春などは、義昭の願いをいれてついに信長と交わりを断ち、ついで元春と隆景は、兵を合わせ尼子勝久と因幡に戦って大いにこれを破り、同六年五月播磨に入り、勝久を上月城に攻めてこれを陥れ、尼子氏を滅ぼしたのである。

その後信長の部将羽柴秀吉と備中・因幡・伯耆において戦い、同十年高松城の対陣となったが、六月二日本能寺の変が起こって信長が横死したので、秀吉と毛利氏の間に和議が締結されたのである。秀吉は、山城の山崎に信長の逆臣明智光秀を討って、主の仇を報じ、その翌年には、織田家の宿将で秀吉の勢力に反抗した柴田勝家を越前の北の荘に討ち、その勢いが朝日の昇るごとくであったので、毛利家は、自国を泰山の安きに置くといった元就以来の理想にもとづいて、秀吉との間に領地の境界についていろいろと交渉を重ね、ようやくそれが落着することになった。秀吉が四国や九州を短時間の間に平定することができたのも、一つには毛利家と和睦し中国および瀬戸内海におけるその軍事的および政治的勢力を借りたからにほかならないのである。

元春は、兄の隆元が温厚な人格者であったのに対して、典型的な武将として知られていたが、九州役の始まった天正十四年に病没した。その子の元長も同じく歳若くして病死した。そこで、元長の弟の経言が吉川家を相続し、後に広家と名を改めたのである。

隆景は、智勇兼備の名将であって、中国の蓋とさえ呼ばれたが、慶長二年にこれまた病死し、豊臣秀吉の甥にあたる羽柴秀俊がその後継者となり、小早川秀秋と名を改めたのである。

そうした関係で、輝元を補佐して毛利家の柱石となるべき人物は、ただ吉川広家のみであった。慶長五年には、天下分け目の関ケ原の合戦が始まった。その前後において、広家が身命を忘れて毛利家のために尽力奔走したのであるが、これも、一に元就の遺訓を服膺したからにほかならない。それゆえ、毛利家が石田三成の与党であったにもかかわらず、なおよく周防・長門の二領国を保ち、その社稷《しゃしょく》を全うすることができたのである。元就の遺訓の効果は実に偉大であったといえよう。

輝元は幼名を幸鶴丸といい、父隆元が病死した時わずかに十一歳であったから、元就がかわって政治を執っていたが、元亀二年元就が没するに及んで叔父の吉川元春や小早川隆景の輔佐によって国内の政治をつかさどり、豊臣秀吉に従い、羽柴氏の称号を許され、中国七ヵ国を領し、天正の末、安芸の広島に城を築いてこれに移り、朝鮮役にも出兵して功労があり、従三位権中納言に進み、豊臣家の五人の年寄の中に加えられた。慶長五年、関ケ原役では、石田三成に組して大坂城西の丸に入り、息子の秀就を本丸に置いて豊臣秀頼に侍らせ、一族の毛利秀元や吉川広家などを伏見城攻撃に加わらせ、ついで秀頼を奉じて近江の佐和山に進み、西軍に声援しようとしたが、いろいろな流言があって、ついに出発を見合わせたのである。

それというのも、吉川広家は、初め小早川秀秋などとともに西軍に応じたのであるが、三成のついに大事を遂げることができそうもないのをさとって、志を徳川家康に通じ、積極的にこの戦争に参加することなく、ひたすら毛利家の安全を図ることに努めたのである。

しかし、輝元は、形だけでも西軍の総大将となっていたので、戦後家康によって罰せられることは明らかであった。広家はこの間にあって、輝元および毛利家のために百方に弁解し、広家の領地である周防・長門の二国をもって毛利家を保全せんことを乞い、家康によってついに許可せられたのである。そこで輝元は剃髪して幻庵宗瑞と号し、江戸に至って徳川秀忠に謁し、慶長八年にまた山口に帰ったが、翌年家康の許しを得て長門の萩に新しく城を築いてこれに移った。大坂の陣には、息子の就隆を出陣させ、自分は老を萩に養い、寛永二年四月二十七日、七十三歳をもって没したのである。

毛利輝元の教訓状

次に掲げる教訓状は、元和二年七月、すなわち、大坂落城の翌年に、その娘に与えたものである。すなわち輝元《てるもと》の娘が一族の吉川広正と祝言の儀式をあげるにあたって、これを教訓し、武人の妻としての心がけを説いたものである。

この縁談に対して、そなたは、不満に思っているということだが、また、家中の者にも左様に存じている者もあるということであるが、自分としては、そうは思わない。昔、元就様がじかにお話しになり、またその後、御直筆でおさとしになったところを見ても、少しの違いもない。いやしくも名人と呼ばれるほどの人のお考えは、実に結構なものであると思って、自分は、今このように縁談を取りきめたのである。すべて国の事をよく知っている者は、まず我が身を修め、行儀を正しくすることが大切である。

そうして、その次は、家の中をうまく治めることが肝要である。家が無事に長続きするのは、やり方いかんにある。それをうまくやった上で、家の内にいる一人一人の者を、その器量次第で取り持ち、人に国を取られないように心がけ、さらに果報がよければ、他国に対しても戦いを仕かけることができるのである。自分の身や家の内が引き締っていなくては、何もかもできたものではない、と考えたので、家の内を整えることをまず第一に心がけ、その結果、このような縁談を取りきめたのである。当家においては、毛利秀元と吉川家一族の人びとが大切であるから、このように取りきめたのである。

そういうことをよく知らない者は、深い考えもなく、一通りに考えているから、いろいろとその時の欲ばかりを心にかけているだけである。また、他国へ縁づくとしても、これもそう思うようには行くまい。東の果ての国などへ縁づくことになったなら、手もとの役には何一つとして立つものではない。家の内さえしっかりしていれば、善くも悪くも唯一筋に、御先祖に対する御奉公これに過ぐるものはない、と考えたからである。

一、いったん吉川家へ縁づいた上は、かの家の掟に従わねばならぬ。

一、私の存ずることは、公に出ないことであろうが、女子一人の身の上の事であるから、ほってもおけない。ことにお前は、生れつき短気だから、他国に住まうのは不自由であろう。同じ家中であったならば、善くも悪しくも気安いことと思う。このことはだんだんと思いあたるに違いない。

一、夫婦二人の間でまず大切な事がある。それはどんなに腹が立つことがあろうとも堪忍するという事である。これは、ひととおりの事なら、堪忍さえすれば落着するものである。できるだけ堪忍した上で、もはやどうにもならない時は、こちらへ知らせてくるのもよかろう。夫婦の間は、友達同士の仲とも違うのである。これを円満に保つことは、家中の者どもの示しともなるのであるから、いい加減な考えでいてはならぬ。家の為であるから、そのつもりでいなくてはならぬ。

一、先方の家中の者どもなどに対して、どこまでも言葉をていねいにすることが大切である。人がありがたいことだと思うように、ていねいにしてやるのが、何より大切である。

一、家中の人びとに対する気位は、同じ身分の縁談とは違うから、少し高めにしたほうがよい。また、家中の人びとに対しても、その人の身分に応じて、ほどほどにあしらうことが肝心である。

一、女中たちに対しても、みだりに使い過ぎないように、よくよく心をかけてやることを忘れてはならぬ。

一、人がたとい無遠慮なことをいって出ても、それをよく聞き質して、事を取りきめねばならぬ。人のいうことにやたら腹を立ててはならない。

一、人と会った時にたとい腹が立つことがあっても、晴ればれとした心持ちでていねいにあしらってほしい。

一、もの事に対して、いやな顔をしないように。これは、人の中ではことに注意せねばならぬ。

この教訓書は、単に女のふむべき道を理論的に説いたものではなく、また、守るべき徳目を無意味に羅列したものでもない。生まれつき短気な姫君を、全くの他人の家に嫁がせることは、毛利家のためにも考うべき事であり、また、姫君の一身上から見ても、思わしくなかったからであろう。それで、最も手近な一族の吉川家に嫁がせ、親しくこれを見守り、その一生に過ちのないように取り計らったのである。この姫君の縁談に対して、毛利家の家中では、あるいは相手の身分が低過ぎるとか、あるいは禄高が足りない、などといって、もっと他国の、地位も高く、領地も大きい大名に嫁がせたいと願う者もあったようであるが、父の輝元は、よく娘の性格を知り、最もその身相応で安心のできる縁談を選び、しかも、その祝言に対して九箇条の教訓を垂れ、武家の奥方としてふむべき道を懇切に具体的に説き示したのである。

その頃の女性というものは、概してその人格を認められる事が少なく、浅ましい政略結婚の生贄《いけにえ》となることが多かったが、この親子の場合は、あくまでも人格本位で、しかも家を守るという考えを土台にして、その縁談がまとめられたのである。

元就の家訓にせよ、元春の訓戒にせよ、この姫君に与えた輝元の教訓にせよ、いずれも、家というものを土台にした、実際的な、親しみ深いものであって、最も代表的なものであろうと思う。

北条氏の家訓

北条《ほうじょう》氏は、相模の国の小田原を根拠とし、鎌倉時代の北条氏に対して、後北条氏といわれた。俗に小田原北条氏の称呼もあるが、延徳三年に伊勢長氏が伊豆の国に下ってその地を略し、北条宗瑞と号したことに始まるのである。世に早雲《そううん》というのは、その法号によったのである。早雲は、関東管領である上杉氏にかわって、公方を擁して関東地方統一の業を成すに至った。そうして、その子氏綱、孫氏康、ともに英主名将の誉れ高く、早雲の遺志をつぎ、勢いますます隆昌をきわめたのであったが、氏康の孫氏直の代になり、豊臣秀吉に反抗して、ついに滅亡の悲運を見るにいたったのである。

早雲は、初め伊豆の韮山を手に入れたが、その地を根拠として、たちまち伊豆一国を風靡《ふうび》させ、さらに相模の国を掌握し、小田原によって号令することになった。彼がこのような短時日の間に豆相両国を手に入れることができたのは、彼一流の武略もあずかって力あったこともちろんであろうが、一つに、民政によろしきを得た結果にほかならないと思う。

彼が伊豆の国をわずか三十日の間に手に入れた際に、まず高札を立て、民政の方針を示したが、その文の内容は、これまでの侍が百姓に課した年貢が過分であったために、百姓がひどく疲れているということを聞き及んだので、以後は年貢を五つ取るところを一つ免じ、四つ地頭《じとう》に納めよ、この他は一銭たりとも公役《くやく》を課してはならぬ。もしこの法度にそむく者どもがあったならば、直訴せよ、そのような怪しからぬ地頭は地頭職を取り放してしまう、というのである。それで、百姓どもは非常に喜んで、他国の百姓もまたこのことを聞き、大いに羨しがった、ということである。

早雲がまた、諸侍を戒めていうには、国主にとって、民は子である。民にとって、地頭は親である。これは私の見解ではなく、昔から定まっている道理である。どうして、民に憐みをかけずにおかれようか。今や世は堯末に及び、武欲が深くて、百姓の一年中の耕作を検地し、四つもない所を五つといいかけて、それを取り上げ、その他いろいろな税を課し、すべての品物を没収し、分限に過ぎた振る舞いをし、いたずらに米穀を費やすのをこととしている。それだから、百姓は苦しみ餓死に及ぶのである。これから先は、収納米穀のほかには、一銭たりとも百姓に課してはならぬ、諸役を免じさえすれば、地頭と百姓とは和合し、水魚の思いをなすであろう、といったので、百姓たちも、この主人の上に長く幸あれかしと神仏へ祈願をこめ、その生活を楽しんだということである。

早雲は、文武両道に達した侍であって、慈悲の政道をもっぱらとしたので、領土がしっかりと治まったのである。それで、その子の氏綱の代にいたっても、よく父の掟を守り、その教えに従って国を治めたから、民はよくこれになつき、その武威は関八州にまで及んだのである。

北条早雲の家訓

早雲の家訓は、「早雲寺殿廿一箇条」と称し、二十一箇条からできている。これは、主として、武家奉公の心得を説き、武士というものは平生どのような心がけで主人に仕えねばならぬかを、教えたものである。文章は、比較的解釈に容易で、原文をそのまま掲げてもいいくらいであるが、ひととおり口訳して、左に紹介してみよう。

一、第一に神仏を信じ奉るべきこと。

一、朝はつねに早く起きるように心がけねばならぬ。遅く起きるならば、召使っている者までが気持ちをゆるめてしまって、公務の大切な用事にも事欠くようになる。その結果は必ず主君からも見離されてしまうものと思って、深く慎まなくてはならぬ。

一、夕刻は五ツ（午後八時）までに寝しずまるようにするがよい。夜盗は必ず子丑（夜半の十二時から二時まで）の時刻に忍び入るものである。宵の口に無用の雑談を長くして、子丑の頃になってぐっすり寝入っていると、夜盗にも忍び込まれて、家財を盗まれる結果となる。このような事は、損亡のみにとどまらず、外聞も非常に悪いものであるから、とくに注意しなくてはならぬ。宵には燃え残りの薪や、その他の火をよく片づけておいて、夜は早く寝て、朝は寅（午前四時）の刻に起き、行水をし、神仏への礼拝をなして、身のまわりを正しく整え、その日の用事を妻子や家来の者どもに申し付けて、それから出仕するのであるが、それは六ツ（六時）までにしなくてはならない。古語に、「子（十二時）の刻に寝て寅の刻には起きよ」と言っているけれども、そのようなことは、人によって当てはまるのである。つねに寅の刻に起きるのがよろしく、辰巳（八時から十時まで）の刻までも寝ていたのでは、主人への出仕も叶わず、御奉公にも事欠くことになるのみならず、また、自分の用事をもすることができず、全くつまらない次第であって、毎日暮らしているのも無駄なことである。

一、朝起きたならば、手水をつかわない前に、厠《かわや》から厩《うまや》、それから庭から門の外までよく見廻って、まず最初に掃除する箇所を適当な者にいいつけ、それから手水を早く使い終わるがよい。水を使うに際しても、たくさんにあるものだからといって、むやみやたらにうがいなどして捨ててしまってはならぬ。また、家の中だからといって、あまり高い声を上げながら手水を使ったりするのは、他の者に無遠慮なしぐさであって、非常に聞きにくいものであるから、静かにしなくてはならぬ。昔の言葉にも、「天高けれども背をまげて立ち、地厚けれどもぬき足で歩く」というのが遺っている。

一、神仏を礼拝することは、身の行ないというものである。神仏に対して拝む気持ちがあるならば、ただひたすらに心を正しくおだやかに持ち、正直一途に暮らし、上なる人を敬い、下なる者を憐み、つつみかくしなく、有るをば有るとし、無きをば無いとして、ありのままの心持ちで生活することが、天意にも仏意にも適うというものである。このような心持ちでいるならば、たとい祈らなくとも神明の御加護はあるものであり、たとい祈ったとしても、心が曲がっていたならば天道からも見はなされるものであることを、肝に銘じて、深く慎まなくてはならないのである。

一、刀や衣裳は他人のように、ことに立派なものをつけようとしてはならぬ。見苦しくない程度で満足し、決して華美に流れるようなことがあってはならぬ。もしそれを無い物まで他人から借り求めたりなどして、無力な奴だと思われるようになったならば、世間の人から嘲笑を買うばかりである。

一、主人の所へ御出仕申し上げる時はむろんのことであるが、その他の場合、あるいは少々の用事があって今日は出仕せず宿所にいるのだがと思っても、とにかく髪を早く結わなくてはならぬ。ふしだらな格好をして人の面前へ出ることは、不作法で嗜みのない態度といわなくてはならない。もしもそのように、わが身に油断がちであるならば、使用している召使いの者までがすぐにそれを見習って、他家の人たちが訪問してきた場合など、一家中でうろたえ騒いで、非常に見苦しいものである。

一、出仕する場合は、殿の御前へ参って直ぐに伺候するようなことをしてはならぬ。そのような時は、御次ぎの間にいて、同輩の人たちの様子を見て己れの身なりをも正し、そうしてから初めてお目通りへまかりでるようにするのがよい。もしこのような注意を怠ると、思わぬ落ち度をすることがあるのである。

一、殿が何かのことを仰せになるような事があったならば、遠く離れて伺候していても、直ちにまず「はっ」と言って御返事を申し上げて、頭を低く下げて御前へ参り、はうようにしながら御側近く寄り、全く心から謹み畏んで承らなくてはならぬ。そうして御用向きを承った場合は、急いで御前を退出して、その由を申し調べた上に、御返答はありのままに申し上げるようにせねばならぬのである。このような時の注意としては、自己の才能のある点をほのめかして申しのべたりしてはならぬ。事柄によって自分一人では計りかねるような御返事は、分別ある人に相談した上で申し上げるようにするがよい。どこまでも自己というものを念頭に置いてはならぬ。

一、殿の御目通りの場所にいて談話などをするような人の近くにいてはならぬ。それから離れているがよいのである。まして自分から雑談をしたり笑ったりしていたのでは、目上の方からは申すまでもなく、同輩の連中からも、心ある人には見限られてしまうこととなる。

一、「多人数の者と交わっては、差出がましくして事を起こすようなことがあってはならぬ」という言葉があるが、何事もしなくてよいことは、他人にまかせばよいのである。

一、わずかの時間でもひまがあるならば、何かの本で文字の書き記されているのを懐中に入れておいて、人目を遠慮しながら読めばよいのである。文字というものは、寝ても覚めてもつねに手なれるようにせねば、すぐに忘れてしまうものだからである。読むだけでなく、書く点においては、なおさらのことである。

一、高官職の方々が御縁に並んで伺候されている時は、腰を少々曲げて手を前へ差し出して通らなくてはならぬ。少しも遠慮する気配をあらわさないで、あたりに足音を響かせながら通ることは、もってのほかの無作法きわまりない仕ぐさといわねばならぬ。また、その他の諸侍に対しても無作法な振る舞いがあってはならず、いずれに対してもつねに慇懃にすべきである。

一、上下万民すべての人びとに対して、一言半句たりともうそをいうようなことがあってはならぬ。いかなる場合でも、ありのままに申しのべることが大切である。うそをいっていると、それがいかなる場合でも、ありのままに申しのべることが大切である。うそをいっていると、それが習慣となって、ついには信用をも失ってしまい、物笑いの種となるのである。己がいった言葉について信が置けず、他人から聞きただされるようになっては、一生の恥と考えて、かりそめにもうそはいわぬように心掛けなくてはならぬ。

一、歌道について少しの嗜みもない人は、賤しい人といっても仕方のない連中である。それゆえ、歌道は大いに心がけて学ぶべきである。また、言語についてもつねに慎んでいなくてはならぬ。一言聞かれても、その人の心は他に知られるものだから、注意せねばならぬ。

一、御奉公申し上げるひまひまには、乗馬の練習をするがよい。乗り歩く基礎を十分練習して、手綱《たづな》のさばき具合や、その他の妙技について、稽古を積んで習得すべきである。

一、友を選ぶ場合、良友として求むべきは、手習いや学問の友である。悪友として除くべきは、碁・将棋・笛・尺八などの遊び友だちである。これらの遊びは、知らぬといって決して恥にはならぬものであり、また、たとい習ったからといっても悪事とまでは呼ばれぬものである。これは、他になす事のない連中が、空しい時間をいかにしてすごそうかと考えて行なうものといえよう。人の行ないの善悪などというものは、皆その友人によるといっても過言ではない。昔から「人が二人集まれば、その中に何かの点でわが手本とする者がいる。すなわち、善い行ないをする者には自己もこれに見習い、悪い点をもっている者には従わぬようにする」というような言葉も遺っているのである。

一、その日の出仕も終わってわが家へ帰ってきたならば、厩のあたりから家の裏のほうまでも廻って見て、壁や垣根や犬の通った所などに穴が空いている箇所があったならば、そこを修理してふさぐようにさせなくてはならぬ。下男下女などというような者は、軒を焼いたりするようなことがあっても、ちょっとその場をつくろっておいて、後はどうなってもかまわないものである。それゆえ、小さい穴の空いたのなどに対しても、万事行きとどいた注意を怠ってはならぬ。

一、夕方になったならば、六ツ時（午後六時）には門をぴったりと閉ざしてしまって、人が出入りをする場合だけ開くようにさせるがよい。そのようにさせなくては、やがては必ず何かの悪事がひき起こってくるものである。

一、夕刻には、台所や茶の間その他の火を置いてある場所を自分で見廻って、火の用心を家人に対してかたく申し付けておかなくてはならぬ。また、よそから火が出た場合、類火にならぬようにつねに注意して警戒することを毎夜のように申し付けて、習慣にさせなくてはならぬ。女房というものは、いかように育ってきたものであっても、そのような注意は少しもなくて、家財道具や衣裳などを取り散らかして油断しがちなものである。たといたくさんの者を召使っていても、すべての事柄をそれらの人に申し付けるのが当り前だと考えないで、自分自身でまず万事をやってみて、十分にようすを知り抜いた上で、それから人にやらせてもよいものである、と考えなくてはならぬ。

一、文武弓馬の事については、武士たる以上、つねの道であるから、とくに書き記すまでもない次第である。文を左にし武を右にするのは、古《いにしえ》から伝わっている武士の道であって、文武はともに兼ねそなえなくてはならぬものである。

この早雲の家訓は、まず、第一条に、神仏を崇拝すべきことを説いている。これは、戦国時代の武将がいかに信仰に生きていたかを物語るものである。第二条には、武家奉公の心得として、朝はつねに早く起きなければならぬ。朝寝をしたならば、召使いの者までが気がゆるんで、大切な御奉公に事欠くような結果となる。深く慎まなくてはならぬ、と説き、第三条には、早起きするには、まず、早寝をすることを心がけねばならぬ、と教え、いたずらに夜更かしをしているから、夜盗に忍び込まれ、家財を盗まれるようなことになる。夜は早く寝て、朝は寅の刻、すなわち、現在でいえば、午前四時から五時頃までの間に起きて、まず、行水を使い、神仏に対して礼拝し、身なりを正して出仕するのである、と教えている。

第四条には、さらに細かな心得として、朝起きたならば、手水を使わない前に、厠・厩・庭・門の外までよく見廻って、掃除する場所を適当な者にいいつける。そして、手水を使う際にも、水がたくさんあるからとて、むやみに使ってはならぬ。また、家の中だからといって、あまり高い声をあげて手水を使ったりしてはいけない、などと、一挙一動について細かな嗜みを教えている。

第五条には神仏を礼拝する場合の心の持ち方を教え、ただ、心正しく、おだやかに持ち、正直一途に暮らし、上を敬い、下を憐み、ありのままの心持ちで、生活することが、神仏の心に適うものである。このような立派な心がけでいたならば、たとい、祈らなくとも、神仏は必ず助け給うものである。たとい、毎日お祈りをしたとしても、心が曲がっていたならば、天道から見離されるものである、と教えている。第六条には、持ち道具や着物などが華美に流れないように、質素で実際的なのが武士の嗜みである、と説き、第七条には、ふしだらな無作法を戒め、第八条には、主人の御前に伺候する場合の注意。第九条には、主人に面接する場合の作法について細かく教え、第十条には、やはり、主人の面前にいる場合の行儀について細かな注意を与えている。

第十一条には、人と交際する場合に、むやみに出しゃばってはならぬ、といい、第十二条には、わずかの暇を見て文字を覚えよ。文字というものは、つねに目に慣れるように心がけねば、すぐ忘れてしまうものである。文字を書く場合も同じことである、と、武家奉公の寸暇をぬすんで、学問の道に心を入れることを説いた点は、文武両道兼備の建て前からいって、もっともなことと思われる。第十三条には、高官の人に接する場合の作法を説き、第十四条には、人に嘘をいってはならぬ。嘘をいえば、ついには信用はなくなり、一生の恥となる、と説き、第十五条には、歌道の嗜みを忘れてはならぬ、といい、第十六条には、乗馬の練習に励むべし、とのべ、第十七条には、友を選ぶには、悪友を避け良友を求めねばならぬ。良友というのは、手習いや学問の友である。悪友とは、碁・将棋・笛・尺八などの遊び友だちである。人の行ないの善悪は、みな、その友によって定まるものであるから、とくに注意せねばならぬ、とさとしている。

第十八条には、その日の出仕が終わって、わが家へ帰ってきた際の心得。第十九条には、夕方になった時の注意。第二十条には、夕刻の家中における火の用心などについて非常に細かい注意を与えている。

最後の二十一条には、文武弓馬の道は、武士として行なうべきつねの道であるから、それについては、ここにいまさらくわしく説くまでもない。文を左にし武を右にするのが、昔から伝わった武士の常法であって、文武兼ね備わって、初めて、武家奉公の道が全うせられるのである、と説明している。

この、早雲の二十一箇条の家訓は、小田原北条氏の家訓として、長く伝えられ、後北条氏五代治世の土台石となったのである。早雲の子の氏綱も、五箇条の家訓を遺しているが、その家訓に見られる思想は、親譲りのものでもあって、文武両道に重きをおき、侍たるものの奉公の心がけについて、具体的な例をあげて、細かにねんごろに教えさとした点においては、この早雲の家訓に髣髴《ほうふつ》たるものがある。

北条氏綱の家訓

北条氏綱《うじつな》は有名な北条早雲（宗瑞）の子で、長享元年に生まれ、幼名を千代丸といい、後に新九郎と称した。永正十六年に父早雲のあとをついで、相模の国小田原の城主となった。彼は、とくに用兵の術に勝れ、父の業をうけて相模の国を平定し、大永四年に上杉朝興を江戸城に攻めて、これを陥れた。同六年に安房の国の里見義弘が足利義明を援けて兵を起こし、軍船を率いて鎌倉に攻めよせた時、これを鶴ケ岡にむかえて討ち破った。天文四年には、駿河の今川氏を援けて、甲州に兵を出し、武田氏と戦い、同六年には、また、上杉朝興を武蔵の国の川越城に攻めてこれを抜き、ついで朝興の子朝定を同国松山城に攻めて同城を陥れた。かくして、氏綱の武威は大いにあがり、武蔵下総の将士は皆その旗下に集まった。

そこで、一族の北条綱成を川越城においてこれを護らせた。同七年兵を発して御弓の御所を攻めた時、里見義弘が安房上総の兵を率いて来援したので、これらの連合軍と下総の国府台に戦って大いにこれを破り、義弘を走らせ、足利義明をとらえてその首を斬った。このようなわけで、関東の士民はみな氏綱の威風になびき、小田原城下に集まるもの日に多きを加え、その威名は京畿地方にも知られるにいたった。彼は尊皇の志篤く、大永六年四月、後奈良天皇が践祚《せんそ》あらせられて即位の御儀式が遅延せられたのを憂い、天文三年一万匹の御費用を献上し、ついで即位の御糧米および黄金二十枚を海路伊勢を経て京都に運び、献納したのである。そこで、詔《みことのり》して左京大夫に任じ、従五位下に叙せられた。天文十年七月十九日に五十五歳をもって歿している。明治の御代になって勤皇の志を賞し、従四位を贈られたのである。

氏綱の家訓には、天文十年五月二十一日、すなわち、彼が死歿の二ヵ月前に記したものがある。宛書きは欠けているが、おそらく、その子の氏康に与えて武将の心がけを説いたものに相違ない。その全文の内容は次のようなものである。

そなたは、すべてについて、この父より生まれ勝っていると思われるから、別にいうほどのことはないが、古人の金言名句は、それを耳にしても、往々に失念することのあるのにひきかえて、親の書置きというものは、何か心に忘れがたいものがあるであろうから、このように書き遺しておくのである。

一、大将だけでなく、およそ侍たるものは、義をもっぱらに守るべきである。義に違ったのでは、たとい一国や二国切り取ったとしても、後の世の恥辱はどれほどかわかったものでない。天運が尽き果てて滅亡したとしても、義理を違えまいとさえ心得ているならば、末世にいたってもうしろ指をさされることがないであろう。昔から天下の政治を執るほどの者でも、一度は滅亡の時期はあるのである。人の生命はわずかな間であるから、醜い心がけが決してあってはならぬ。古い物語を聞いても、義を守って滅亡するのと、義を捨てて栄華をほしいままにするのとでは、格別の相違があるものだ。大将の心がけがこのようにしっかりと定まっていたならば、その下に使われる侍どもは、義理を第一と思うものである。それにもかかわらず、無道の働きをもって名利を得た者は、天罰ついにまぬがれがたい、と知るべきである。

一、侍から地下人《じげにん》や百姓にいたるまで、それぞれ不愍《ふびん》に思うべきである。総じて、人にすたりはないものである。器量・骨格・弁舌・才覚が人に勝れて、しかも道にも達し、天晴れよき侍であると思っていると、意外に武勇に劣っている者があるし、また、何事も不案内で馬鹿者で通っている者に武道において思いのほか立派な働きをする者がある。それだから、たといいかに半端な働きしかないものでも、その用い方によって重宝になる場合が多いものであるから、総じて、人にすたりはないものである。そのものの役に立つところを召使い、役に立たないところを使わず、それぞれ何かの用に立てているのをよい大将と申すのである。この者は一向役に立たない馬鹿者、と見かぎってしまうのは、大将たるものの心として、いかにも浅く狭い心である。
一国を領するほどの大将の下には、善人や悪人がどれほどいるかわからない。たとい馬鹿者であっても、罪がなければ刑罰を加えることはできない。侍どもの中に、自分は大将から見かぎられたと思いこんでいる者は、進んで仕事をやる気がなくなり、本当の馬鹿者となり果てて、なんの役にも立たなくなるものである。それであるから、大将たるものがどのような者をも不愍に思っているということを、人びとに広く知らせたいものである。人びとをそれぞれ役にたてるのも、大将の心の中にあることである。上代においても、賢人といわれるほどの人物は滅多にいないのであるから、末世においてはなおさらあるべきはずがない。大将といわれるほどの人にも、これで十分と思われるほどの人物はいないのであるから、見誤まりや聞き誤まりがどれほどあるかわかったものではない。

たとえば、能を一番興行するにも、大夫《たゆう》に笛を吹かせ、鼓打《つづみ》ちに舞を舞わせたのでは、見物することはできない。大夫に舞わせ、笛や鼓もそれぞれの人にいいつけたならば、その人を替えることもなく、同じ役者で能一番が成就するのである。一国を領しているほどの大将は、侍を召使うのにも、これと同じようなものである。罪を犯した者どもであっても、小身の者に対しては、できることなら特別に赦してやるべきではあるまいか。

一、侍たるものは、高ぶらず、てらわず、それぞれ分際を守るのをよいとする。たとえば、五百貫文の土地を領する身分で千貫文の土地を領する人の真似をするのはよくない。人の分限は天から降ってくるものではない。地から湧いてくるものでもない。それに、定まった知行でも、損亡する場合がある。たとえば、軍役の多い年があるし、火事に遭うこともあるし、親類や同族が多いこともある。このうち、一つの損亡でもできたならば、千貫文の分限者《ぶげんしゃ》でも、九百貫文か八百貫文かに減ってしまうものである。ところが、このような場合でも、百姓にむりな夫役をかけるか、商売の利潤を取るか、町人を迷惑させるか、博奕が上手で勝をとるか、考えれば、どのような無理な手段を尽くしても、それを埋め合わせぬこともない。

このような考えの者は、出頭人に音物《いんぶつ》を遣わし、いろいろと小細工をやるから、家老もそれに目がくれ、これこそ忠節な人であるとほめるから、大将も、五百貫文の所領で千貫文の侍を召使うことになるのである。そうなると、家中の者どもは、このような風儀を大将がお好きなさるといって、華麗を好み、なんとかして大身者の真似をしようとあせったあげく、借金が嵩《かさ》まり、暮らし向きがしだいに詰まり、町人や百姓を踏み倒し、その果てに博奕に心を寄せるようになる。そうでもない者どもは、衣裳が粗末であるから今度の出仕はどうしようとか、引き連れる人馬が小勢で見苦しいから今度のお供はどうしようとかいって、大将の思召や朋輩の見聞を気にかけてみるが、町人や百姓を踏み倒すことも、商売の利潤を得ることも、博奕をやって勝つこともできないから、結局、仮病をかまえてでてこない。

そんなわけで、出仕の侍がしだいに少なくなり、地下人や百姓は、それ相応に華麗を好み、その上、侍どもに踏み倒され、家をあけ田畑を捨てて他国へ逃げ走り、残っている百姓は、何事かあったならば侍どもに思い知らせようとたくらむから、国の内はすっかり貧乏になって、大将の鋒先が弱くなるのである。当今の上杉殿の家中の風儀は、ちょうどこのようなものである。よくよく心得てほしい。あるいは他人の財産を請取ったり、或いは親類縁者が少ないために物入りがなく、また、天性の福人もある、と聞いている。このような人びとは、たとい五百貫文の分限でも六、七百貫文の分限者の真似はできるはずである。しかし、千貫文の分限者の真似は、よほどの小細工をしなくては及びもつかない。たといどのような手段で分限の上の者の真似ができても、つつましくその分限を守っていくのよりは劣っている、と思わねばならぬ。

一、万事について倹約を守るべきである。華麗を求めるには、下の人民からむさぼらなければ、その出所がない。倹約さえ守れば、人民をいためず、侍から地下人や百姓にいたるまで富貴となる。国中が富貴になれば、大将も鋒先が強くなって、合戦の勝利疑いない。わが亡き父の入道早雲殿は、小身より天性の福人であると、世間で評判した。それでこそ天道の冥加を受け給うたのであるが、第一には、倹約を守り華麗を好まれないからである。すべて、侍は古風なのがよい。当世風を好むのは大方は軽薄者である、とつねづねさとしておられた。

一、手際のよい合戦をやって大勝利を得て後、おごりの心ができて、敵をあなどり、不行儀をすることは、必ずあるものである。慎んだがよい。こんなにして滅亡した家は昔から多い。勝って兜の緒を締めよ、ということを忘れてはならぬ。

右の訓戒を堅く守ったならば、当家は繁昌すること疑いない。

氏綱の訓戒状はこれで終わっている。日付は天文十年五月二十一日とあり、その下に、氏綱御判、とある。これは、ただの訓戒でなく、死歿の二ヵ月以前に記した遺訓である。この氏綱の遺訓は、氏綱の子の氏康に与えたものと思われるが、氏康もまた、よく父氏綱の遺訓を守り、武略政道ともによろしきを得たので、小田原中興と呼ばれたほどの業績をあげることができたのである。この教訓をよく味わってみると、なかなか意味深い点が多い。

まず、子の氏康に対して、そなたは、この父より生まれ勝っていると思われるから、別にいうほどのこともないが、古人の金言名句は、それを耳にしても、往々にして失念することもあるのに引きかえて、親の書置きといえば、何か心に忘れがたいものもあるだろうから、このように書きのこしておく、と断わっているのは、子の氏康も親にすぐれた器量者だったに相違なかろうが、人の親として実に謙虚な心持ちであって、日ごろ一家一国を導く態度の素直さも、さこそと想像されるではないか。侍は義をもっぱらに守るべきで、義に違ったのでは、一国や二国切り取って得をしたとして、後の世の恥辱はどれほどかわからぬ。たとい天運が尽きて滅亡しても、義理を違えて一時栄えるよりはましである、とのべている。

一時の利害得失を無視し、永遠の正義に生きることを理想とした武将氏綱の日頃の心構えが明らかに知られるのである。人の生命はわずかな間であるから、醜い心がけをもってはならぬ。義を守って滅亡するのと、義を捨てて栄華をほしいままにするのとは、格段の違いである、と喝破しているゆえんである。無道の働きで名利を得た者は天罰ついにまぬがれがたい、といっているのは、当時の天道思想を代表した正論というべきであろう。

これまでは、第一条に説いていることであるが、第二条に、人にすたりはないものであるから、それぞれの才能によって人を活かして用いることを知っているのは、偉い大将というべきである。下々の者が役に立つのも立たないのも、大将の心がけいかんにある、とさまざまな実例を引いて説いているのは、大将たる者の心構えを説いた教えの中で最も勝れたものといってよかろう。人を使う法則を根本的に明らかにしたものであろう。

第三条には、分限を守るべきことを説き、身分不相応な虚栄を張ろうとすれば、しだいに無理がかさなって、国が亡びる結果になる、と戒め、第四条には、倹約を守るべきことを教え、華麗を求めるには、下の人民からむさぼらなければ、その出所がない。倹約さえ守れば、人民を苦しめず、国の内が富貴となり、大将の鋒先も強くなる、と説き、亡父、早雲がつねに教えさとした倹約の徳を強調して、最後の第五条には、大勝利を得た後では、必ずおごりの心ができて失敗することが多いから、慎むべきである。そのようにして滅亡した家は昔から多い。勝って兜の緒を締めよ、とさとし、小田原北条家の将来がますます栄えんことを予測し、信念のほどを見せている。やはり、家を守り国を治める道を説いた教訓として、現実的な教えの代表的なものであろう。

島津氏の家訓

島津《しまづ》氏は、もと惟宗氏という。平安時代の末に日向守基言の子の広言が近衛家に仕え、その所領である日向の国諸県郡島津荘の下司職となって土着し、島津氏を称したに始まっている。

建久二年に源頼朝が鎌倉幕府を開いた時、広言の子忠久《ただひさ》が親しく仕え、その功労によって、日向・大隅・薩摩三ヵ国の守護に補し、島津荘の地頭《じとう》に任ぜられた。それからというものは、島津氏は、自然とこの地方を領有するようになり、世々三ヵ国の守護職に補せられ、南九州の豪族として、その勢いが次第に強大となり、忠良《ただよし》、貴久《たかひさ》を経て、第十六世義久の時には、筑後・肥前・肥後・豊前・豊後にまで勢力を張って、九州探題の家柄として北九州に重きをなした大友氏をさえ圧迫し、ほとんど九州全土を統一しようとしたが、天正十五年に豊臣秀吉の九州征伐となり、ついに秀吉に降伏し薩・隅二国および日向半国を安堵されたのである。

島津氏は、世々領内の政治と教化に力を用いたので、九州の南端という辺鄙《へんぴ》の土地にありながら、よくその治績をあげて、特色のある文化を建設することができた。それには、歴代の当主が、桂庵禅師などという名僧を採用して、儒学の興隆を図ったことに起因している。

いろは歌の家訓

島津忠良は、中興の名主としてとくに有名である。彼は幼時、桂庵禅師から朱子新註の教えを受け、ことに論語に通じ、才と学とを兼ね備え、賢徳の聞こえが高かった。また、深く禅道を修め、国体の本源である神道をきわめ、ついに儒神仏三教を融合して、新たに一流をたてた。世にこれを日学といっている。日学とは、忠良の号を日新斎といったから、日新斎の学流という意味である。日新斎の号は、日に新たなり、という大学の一句からとってつけたものである。

日新斎の作ったものに、「いろは歌」というのがある。これは、彼が日学を世に広めるために、平易な歌謡によって、その精神をあらわそうとした試みであって、用意の行きとどいた点がうかがわれる。その四十七首の全文は、次のようなものである。

いにしへの道を聞きても唱へてもわが行にせずばかひなし
楼の上もはにふの小屋も住む人の心にこそはたかきいやしき
はかなくも明日の命を頼むかな今日も今日もと学びをばせで
似たるこそ友としよけれ交はらばわれにます人おとなしきひと
仏神他にましまさず人よりもこころに恥ぢよ天地よく知る
下手ぞとて我とゆるすな稽古だにつもらばちりもやまとことのは
科《とが》ありて人を斬るとも軽くすな活かす刀もただ一つなり
智恵能は身につきぬれど荷にならず人はおもんじはづるものなり
理も法も立たぬ世ぞとてひきやすきこころの駒の行くにまかすな
ぬす人は余所より入るとおもふかや耳目の門に戸ざしよくせよ
流通す貴人や君が物語りはじめて聞ける顔もちぞよき
小車のわが悪業にひかれてやつとむる道をうしと見るらん
私を捨てて君にしむかはねばうらみも起り述懐もあり
学問はあしたの潮のひるまにもなみのよるこそなほ静かなれ
善きあしき人の上にて身を磨け友はかがみとなるものぞかし
種子となる心の水にまかせずは道より外に名も流れまじ

礼するは人にするかは人をまたさぐるは人を下ぐるものかは
そしるにも二つあるべし大方は主人のためになるものと知れ
つらしとて恨みかへすな我れ人に報い報いてはてしなき世ぞ
ねがはずば隔てもあらじいつはりの世にまことある伊勢の神垣
名を今にのこしおきける人も人こころもこころ何かおとらん
楽も苦も時過ぎぬれば跡もなし世に残る名をただおもふべし
昔より道ならずして驕る身の天のせめにしあはざるはなし
憂かりける今の世こそはさきの世とおもへばいまぞ後の世ならん
亥に臥して寅には起くと夕露の身をいたづらにあらせじがため
遁るまじ所をかねて思ひきれ時に至りて涼しかるべし
思ほえず違ふものなり身の上の欲をはなれて義をまもれひと
苦しくもすぐ道を行け九折《つづらをり》坂の末は鞍馬のさかさまの世ぞ
やはらぐと怒るをいはば弓と筆鳥に二つのつばさとを知れ
万能も一心とあり事ふるに身ばし頼むな思案堪忍
賢不肖用ゐ捨つるといふ人も心ならば殊勝なるべし
不勢とて敵を侮ることなかれ多勢を見ても恐るべからず

心こそ軍する身の命なれそろふれば生き揃はねば死す
回向《えこう》には我と人とを隔つなよ看経《かんぎん》はよししてもせずとも
敵となる人こそはわが師匠ぞとおもひかへして身をも嗜め
あきらけき目も呉竹の此世より迷はばいかに後のやみぢは
酒も水もながれも酒となるぞかしただなさけある君がことの葉
聞くことも又見ることも心がら皆まよひなりみなさとりなり
弓を得て失ふことも大将のこころ一つの手をば離れず
めぐりては我身にこそは事へけれ先祖のまつり忠孝の道
道にただ身をば捨てんと思ひとれかならず天のたすけあるべし
舌だにも歯のこはきをば知るものを人はこころのなからましやは
酔へる世をさましもやらで盃に無用の酒をかさぬるはうし
ひとり身をあはれと思へ物毎に民にはゆるすこころあるべし
もろもろの国や所の政道は人にまづよく教へならはせ
善に移り過れるをば改めよ義不義は生まれつかぬものなり
少なきを足れりとも知れ満ちぬれば月もほどなく十六夜《いざよい》のそら

この四十七首の歌の内容は、因果応報、頓悟、博愛の仏道思想を始めとして、武道、儒道、政道にわたり、また、学問、修養、正義、克己、利欲、惜陰、勤勉、敬君、事長、交友などの世道人倫の全般に及ぼして、人のふむべき道を教えている。

島津貴久の掟書

この「いろは歌」は、日新斎忠良の子貴久《たかひさ》の時から日夜その三首をとくに高唱し、実践躬行に励んだということである。貴久もまた、儒仏両道を修め、文武の道を練磨し、日新斎の遺訓をよく守って、「いろは歌」を崇敬する気風を永く島津家中に伝えたのである。彼は、天文八年に十箇条の掟を作っている。それは、大体次のような内容のものである。

一、侍どもは、忠孝の道を第一に守り、五人ずつがむつまじく交際せねばならぬ。

一、領地をたくさんもっている者は、とくに七書を習い、人数の駈引き、昇貝、太鼓の合図や、作法などを、つねに訓練せよ。

一、若侍たちは、武芸・角力・水練・山坂歩行などに励んで、ふだんから手足をならしておかねばならぬ。

一、田地五反について、軍の用に立つ家の子を一人ずつ養育せよ。

一、陣中で、三十日の間は、食料の配給もないのであるから、軍役や出物などが遅れたり、とどこおったりする場合には、所帯を没収するであろう。

一、侍どもの中で、番狩・普請《ふしん》やその他の役務の日には、ただぶらぶらしておらずに、主人・家の子・女までも、朝早くから農業にいそしんでほしい。

一、百姓や、また家のものでも、独身者や貧乏で困ったものがあったならば、それを見た者は、たとえ横目衆でなくとも、ただちに申し出よ。

一、侍たちの息子で、許可なくして出家することはならぬ。

一、地頭・領主・奉行・頭人などが、下じもの訴訟を公開しないで、勝手に取り裁くような事があったならば、取り次ぎには及ばないから、この貴久父子にお目通りして、直接に申し出てほしい。

一、もし私たち父子が邪悪な事をしたのを見聞きしたならば、誰でもかまわずに諫言を勧めてほしい。

この中で、忠孝の道を第一に守れといったことは、申すまでもないが、五人ずつがむつまじくやっていけ、というのは、侍五人組の制度として、注目に値するものである。人数の駈け引きや昇貝や太鼓の合図などの訓練に励み、角力や水練・山坂歩行などで手足を鍛えておけ、というのは、戦場に出で立つ侍の平素の心がけとして、当然のことであろう。

番狩や普請などの役務の間の日に、主人を初め、家の子、女に至るまで、朝早くから農業に精を出せ、といっているのは、いわゆる、兵農一致の強兵政策であって、豊臣秀吉が天下を平定するにあたって、寺院および農村に散在した兵器を没収し、兵農分離の政策を強行した後にも、依然として採用せられたものであって、後世の屯田兵組織の基礎をなしたといってよかろう。

島津義久の掟書

貴久の子義久《よしひさ》になっては、島津家の勢力は最高潮に達した。義久の弟義弘も、よく兄義久をたすけて島津氏の発展に寄与した。この二人は、天正十四年五月朔日付で、次のような掟を出している。

一、侍たちの中で、それぞれ手持ちの鉄砲は、六匁玉以上とせよ。
一、手鉾・長刀・弓を持たせよ。家中の者が出陣する前に俄《にわか》に病死した場合には、殿役・持夫をわたしてほしい。ただし、手鉾や長刀の尺は、八尺以上は厳禁である。
一、高百石以下の者の具足は、その心がけ次第とする。雨具などは、上下ともにめいめい持ち出すことにする。
一、兵具を持つ者の鉄砲は、すべて十匁玉と二十匁玉とに定める。
一、兵具を持っている者の手鉾や弓の数は、鉄砲より少なく持つこと。
右の事柄は、今度肥後口から出陣した時に定めたのであるが、これから後も、この掟によることにする。侍たちの中で、まず鉄砲に対して未熟な者は、領地を没収し罪科に処する。

手鉾や弓の数を鉄砲より少なくし、また、鉄砲に未熟な者に対しては領地を没収し罪科に処するなどというのは、その頃鉄砲というものがどんなに重く見られていたかがわかる。この五箇条は、主として武具に関する掟であるが、武力によってその名を西国に輝かした島津氏の掟として、さもあるべきことと思われる。

義久の民政の一端をうかがうべき掟として伝えられているものには、さらに左の二十箇条がある。

一、百姓を憐むことをもって、憲法の第一としたい。民の飢えや寒さを思い、貧窮の苦悩を知ること。
一、家の造りを立派にすることは、古の賢王が堅く禁じたところである。
一、罰を薄くして賞を厚くせよ。
一、民の耕作の隙を見て、これを召使うことが肝要である。
一、主人の利益を基とし、いやしくも私利をむさぼることがあってはならない。
一、民の利益を先にして、己の利益を後にせよ。
一、ほしいままに民のものを取ってはならない。民が貧しければ、主に財が無くなるものである。たとえていえば、枯れた木の本のようなものである。民は主の財である。ゆるがせにしてはならない。
一、人の心を養うのをもって情とする。眷属をかえりみることを忘れてはならぬ。
一、威勢をもって人を屈服すれば、その身体は屈従したようでも、心は従わない。
正直の徳をもって民を従えさえすれば、身命を軽んじて、謀反の心を起こすようなことはないのである。

一、下郎の科《とが》をかれこれいってはならぬ。下郎の無礼に対しても同様である。

一、讒言と讒訴とを用いてはならぬ。嘘言や中言を信用してはならぬ。

一、たとい愛している者に対しても、科があったならば、処罰せよ。憎んでいる者に対しても、忠義の行ないがあったならば、賞を惜しんではならぬ。

一、家を治めるほどの者は、また、国を治めることもできる。ただ、民を憐む者を、君の器と見なす。

一、人が罵詈《ばり》雑言《ぞうごん》したとて、これをそのまま受け取って、咎め立てをしてはならぬ。

一、隠し立てしなければ恥ずかしいようなことは、してはならぬ。人の目は天にかかっているものである。

一、ひとり言であっても、卑怯な言葉を使ってはならぬ。人の耳は壁についているものである。

一、悧巧じみたことをいわないこと。

一、古い反古《ほご》を読んではならぬ。人の書き物などをみだりに取って見てはいけない。

一、悪い若党は使ってはならぬ。

一、悪い友だちと交わってはならぬ。

この二十箇条の掟書は、当時における島津家領内の民政の方針がどのようなものであったかをうかがうことができると同時に、民の主たる者の心がけが、どうあったらよいかを教えている。百姓を憐み、民の飢餓や寒さや貧窮などを慮り、罰を薄くし賞を厚くし、耕作の暇を見てこれを使役すべしと説いている一方に、屋敷を立派に造るなどということは古の賢王が深く戒めたところである、と説明して、人民の上に立つ役人の心がけを教え、役人たるものは、主人の利益ということをまず考え、私利をむさぼるようなことがあってはならない。領主の利益の次には人民の福利ということを考え、己の利益は後廻しにしなければならぬ。人民というものは、領主の持っている財産のようなものである。

人民が貧乏になれば領主もまた財産を失うわけであるから、むやみに人民の持っているものを取り上げたりしてはいけない。ただ、役人の権力でもっておどしつけても、人民は心から従ってくるものではない。真心をもって人民を率いてゆくならば、身命を惜しまず心服してくるものである。それから、下郎などを召使う場合の注意として、下郎の犯した科をかれこれ言ったりしてはならぬ、と。

また、讒言《ざんげん》や讒訴を聞き入れたり、嘘言や中言を採用してはならぬ。たとえ、自分がとくに目をかけている者に対しても、科があったならば、罰するのがよく、たとえ自分の憎んでいる者であっても、忠義の行ないがあったならば、これを褒めてやるのが正しい。それから、やはり役人の心がけとして、人がののしったり、蔭口をきいたりしても、それを咎め立てしてはならぬ。また、隠していて自分の心に恥じるようなことをしてはならぬ。人の目は天にかかっている。ひとり言をいうような場合でも、卑怯な言葉を使ってはならぬ。人の耳は壁についているものである、などと、ひたすら正義ということを説いているのは、この訓戒が儒教思想を基として成り立っているからである。

最後に、交友の心がけについて、口先ばかりで上手をいってはならぬ。反古をやたらに取って読んだり、人の書いた手紙などをみだりに見てはいけない。悪い若党を使ってはならないと同様に、悪友とも交わってはならぬ、などと教えている。このように、世に処する道をこまごまと具体的にさとしたところは、日新斎の「いろは歌」さながらの感が深い。

島津義弘の掟書

義久の弟義弘《よしひろ》は、若い時から剛勇をもって知られていた。かの日向の国耳川の戦、九州陣、朝鮮泗川の戦、関ケ原合戦などにおける彼の武者ぶりは、とくに有名で、武将として典型的な存在であったが、領内の民政に対しても、相当にこまかな心遣りを見せている。

慶長二年二月、彼が再度の朝鮮出陣の際にのこした掟書十八箇条は、隈之城や帖佐などの役人に与えたものであるが、彼の治績の一斑をうかがうに足りる興味深いものである。

一、京都や高麗の御公役をゆるみなく調べよ。

一、代官がもし私曲を構えて猥《みだ》りがわしいことをしたならば、百姓は容赦なく直訴してほしい。

一、普請役に当る者は、怠りなく出てこい。もし怠ける者があったならば、罰の普請をさせる。万一出しぶる者があったならば、一々その者の名前を記しておいて、地頭が申し出てほしい。
一、地頭から申しつけられたことは、昼でも夜でも間違いなくつとめよ。
一、昼夜ともに小路で高声で雑談したり、高笑いしたり、また、猥りがわしい格好で、高麗にある者や京都にいる者などの留守居の家の門の周囲を廻って歩いたり、泊りこんだりすることは、厳禁と心得よ。
一、すべて国に残っているものは、身分の上下にかかわらず、不行儀なことがあったならば、たとい誰でも、それを見聞きしたものが申し出てほしい。褒美をつかわす。
一、毎月地頭のところに、朔日と十五日の二日間は出仕することを怠ってはならぬ。
一、女に対する嗜みが大切である。わけても、人妻を盗んだり、怪しからぬ振る舞いをするものがあったならば、よく見聞きして、その実否をただし、地頭の力で処罰してほしい。
一、宴会の席上で酒をすごすようなことがあってはならぬ。酒乱の者に対しては罰金をかけよ。
一、人の留守居にもし用があったならば、しかるべき使いをもって申し出よ。若党自身が勝手に出入りすることは厳禁である。

一、よそ歩きをしてはならぬ。ただし、余儀ない用事があったならば、地頭に暇をもらってから出かけよ。

一、火の用心に油断するな。火元に対してはとくに罰金をかける。

一、地頭の召使っている者が猥らな振る舞いをしたり、私曲を構えたりした場合には、その地頭の責任であるから、気をつけて召使わねばならぬ。

一、領内の者は、公用の外に私用で上洛してはならぬ。ただし、商売人は例外である。

一、太守様の御蔵入領から遁走したりしてきた者は、早く送り帰せ。売人などは一切買取ってはならぬ。

一、この隈之城は、太守様の御蔵入領の境であり、また、北郷領の近くでもあるから、すべての事に念を入れ、細かな心遣いが肝要である。とくに、喧嘩や口論など一切してはならぬ。

一、下馬は、侍に対する場合のほかは、決してならぬ。

一、一向宗は、御先祖以来禁制の宗教であるから、これを信ずることはまかりならぬ。

この掟書には、慶長二年二月二十八日の日付があり、義弘と署し、花押が書いてある。

島津家久の掟書

義弘の三男家久《いえひさ》は、初め忠恒といい、朝鮮役には父とともに出陣して武功をたて、島津氏第十八代の主となった武将であるが、慶長四年二月七日付で六箇条の掟書をのこしている。それは、豊臣氏の御蔵入即ち直轄領となっていた薩摩の出水郡を復活した際に、同郡の役人に下したものと思われる。

一、当郡の中の奉公人や百姓は、他の領内に奉公したり、また、みだりに田地をあけて出払ったりすることは、厳禁である。その後にやって来た者があっても、これを送り帰してほしい。理屈をいって戻らなかったり、または、その者を召抱える人があったならば、その先々で聞き届け次第申し出でよ。

一、浦々の船着きの掟としては、鹿児島におけるこれまでの法度のごとくやってほしい。下の者に対して勝手な言い掛りをつけてきた場合には、受けいれなくてよろしい。島津家の他の領内における水先案内や百姓などが当郡へ走り込んで来たならば、その理由次第で、元のように送り帰してやれ。

一、瀬さき野・いづみ野・あくね野・なが島野・網津野・県などは、前のように取り立ててやるからそのつもりで奔走せよ。

一、当郡と肥後の国との境目のことは、たとい外からどのようなことを申しかけられても、相手にならないで、こちらへ訴え出よ。

一、路傍において旅人に対して猥りがわしいことをしたならば、たとい、村のはずれで刃傷《にんじょう》や殺害などの事件があった場合にも、その場所に近い村の責任と心得よ。

一、村の市場で押売りや押買いなどしてはならぬ。また、喧嘩をして刃傷や殺害におよんだ場合には、たとい一方が無事であっても、両成敗と心得よ。

島津氏の家訓として、最後に、慶長六年八月七日付で、義久・義弘・家久の三人が連署して出した十五箇条の掟書を紹介しておこう。

一、侍たちは、どのようなことをいいつけられても、それが相応の事であったならば、難渋してはならぬ。もし異議を申し立てるものがあったならば、相当の処分をする。

一、武具は怠りなく整えよ。知行百石について具足一領ずつ用意せよ。

一、出陣の時には、二十五石以上を取っている侍は、自分持ちの人夫でやれ。二十五石以内の侍も、門や屋敷を持っている者は、同じく人夫は自分持ちである。

一、殿役を勤めない者は、門一つについて領主からの知行一石ずつを召上げる。

一、侍たちが勤番や普請や狩などを怠るようなことがあってはならぬ。それが三度重なったならば、所領を没収する。

一、身分の上下によらず、喧嘩は禁物である。たとい無理や非道をしかけてくる者があってもその場で我慢し、言上せよ。もし自分勝手に事を破る者があったならば、理非を問わず両方を成敗する。

一、外城の侍たちは、何につけても地頭の命令にそむいてはならぬ。わけても、戦場において地頭の手を離れ、他の者の手下について、どのような功名をたてても、それは忠節ではなく、怪しからぬ振る舞いであると心得よ。もし地頭に無理な事があったならば、申し出てほしい。なお、出陣の際に、小役人たちは、その村々から自分でそれぞれ兵具を持って来てほしい。

一、戦場においてとくに許可なくして馬に乗ることは禁物である。重い道具をみだりにさげていてもいけない。

一、百姓が耕作するには、卯の時に出て戌の刻に帰れ。女も耕作に出よ。

一、百姓の若者がみだりに逃亡することは厳禁である。

一、侍たちに召使われる者どもは、男女によらず、日夜片時もむだにすごしてはならぬ。

一、用があって召寄せられる者は、その時日を延ばしてはならぬ。出発の準備や、供の者、使者、飛脚などに至るまで、差しあてられた日限をたがえてはならぬ。

一、縁者や親類を誘って騒動を起こす者があったならば、その本人はいうに及ばず、一味の者もいっしょに成敗を加える。

一、平素の御馳走は、一汁二菜を定めとする。勝手に大酒を飲むことは厳禁である。

一、毎度の出物で日限に遅れる者があるが、このような者は、後にその科をただしたい。

これらの事どもをたがえる者があったならば、侍はその所領を没収し、凡下の者に対しては成敗を加える。

この掟書には、主として戦場にのぞむ際の侍の心がけなどを具体的にのべ、何よりも軍の秩序を乱すことを戒めている。

要するに、島津氏の家訓は、日新斎忠良の「いろは歌」四十七首に盛られた儒教の精神に立脚し、事実に即してその内容の進歩を見せたものである。貴久・義久・義弘・家久の四代にわたって書き出された以上の掟書は、単なる儒教の徳目の羅列ではなく、領内政治の実際に即して、地頭や、侍の心がけについて説き、下人や百姓を憐みいつくしむことを教え、生産確保に遺憾なきを期し、一朝事ある際には、上下心を一にして、秩序を乱さず、戦勝の誉れを全うせんことを図ったものにほかならない。

島津綱貴の教訓状

島津家歴代の家訓について語ったついでに、なお、島津綱貴《つなたか》の教訓状について一言のべたい。

島津綱貴は、もちろん、島津家の当主で、江戸中期の大名であり、武将である。島津綱久の長男として、慶安三年に生まれた。幼名を虎寿丸といい、長じて又三郎と称し、修理大夫、薩摩守に任じ、従四位上中将にまで進んだ。貞享四年、祖父光久の後をついで、島津家第二十代の主となった。射術を平田民部左衛門に学び、また、大島流の槍術の皆伝を受けた。

当時は、すでに天下泰平であったが、なお、領内における奢侈《しゃし》の風を禁じ、茶を栽培し、鉱山の採掘につとめるなど、ひたすら殖産を奨励した。元禄三年、江戸幕府が孔子の廟を、本郷湯島に建てた時に、彼は、『太平御覧』『文苑英華』『冊府元亀』各々一千巻を献上したのである。宝永元年九月、五十五歳をもって江戸に歿した。

綱貴の教訓状というのは、元禄十五年六月二十五日、次男の又八郎に与えたものであって、全文七箇条よりなる比較的簡単なものであるが、後書きが少々長くなっている。その文章は、だいたい次のようなものである。

一、一国の守護として、また、一郡の主として、国政を行ない、士民を撫育するには、文武の道を知らなくてはできないことである。文武は車の両輪、鳥の両翼のごとく、一つとして欠くことのできないものである。

一、志は諸道の根本である。大本が立たなければ、万事を遂げることはできぬ。だから、まず、志を堅固に持つことが肝要である。

一、物をもてあそべば志を失う、とは、聖人の格言である。まして、遊興をもっぱ

一、らにし、勝負事を好み、酒色にふけるなどとは、もっての外のことである。

一、忠孝と愛敬は人性の自然である。これに従えば栄え、これに逆えば滅ぶ。慎んでその性に従うことが大切である。

一、一日といえども、空しくすごしてはならぬ。少壮の年に学ばなかったならば、老大にして後悔しても追いつかぬ。

一、よく諫めを聞き入れれば、必ず良将となることができる、とは、三略にある言葉である。よく諫言を受けいれ、それについて、よく熟考せよ。

一、臣を見てその君を知り、官をもってその人を察する、ということがあるのだから、臣下の善悪を知らないのは、暗将というべきである。だから、まず、よく近臣の邪正を弁じて、正直の者に対しては、これを賞し、邪曲の者に対しては、これを教え導いて正道に帰すというのが、君子の道であることが肝要である。

これらの箇条書は、数が少なくて、言葉が短いが、その意味は広遠である。平常、これを身辺に置いて読み味わってほしい。それを悪い意味にとったり、いまさら、余計なことのように考えたならば、忠言は耳にさからい、良薬は口に苦し、であるから、よくよくその理を考えて、この教訓を信じ用いなければならぬ。そなたは、今年十六歳で、去年すでに元服をし、ますます成長したのである。自分のためには次男であり、修理大夫のためには次弟である。島津家中一門の中では、諸士のために第一に崇敬すべき人物である。だから、修理大夫が国を治めることになった折には、自然と、政道を輔佐する任として、その方を差しおいて、誰が外にあるだろうか。ことによっては、守護代をも勤めなければならぬ地位にあるのだから、国人の崇敬することも非常なものと思う。

こうした国人を穏やかに治めてゆくには、才力だけではできないことである。遠き周の世においても、周公は聖徳をもって成王を輔佐して天下を治め、近きわが家においては、日新公は聖徳をもって陸奥守貴久を援け、島津正統中興の主となした。これらはすべて聖徳のなすところである。だから、並なみの心がけでは、かえって諸人の笑いを招き、先祖の名をはずかしめる基である。武門においては、珍しくないことであるが、朝夕、四書五経を読んで、その義に通じ、弓馬武芸はもちろん、よく軍法を修め、手跡拙からず書き嗜み、詩歌を賦し、琴を弾いて風流の道を学ぶことは、みな、これ左文右武の心がけであって、その片方が欠けたならば、車の一輪を折り鳥の一翼を折るに等しい。

光陰は矢のごとく、時は人を待たない。学にいそしむのは、今の年である。必ずいたずらに日を送ることがあってはならない。我が島津家の先祖豊後守忠久は、右大将頼朝公の長庶子であって、文武の達人である。その文徳や武功は、『吾妻鏡』にも明らかである。文治二年の春八歳にして島津の御荘薩隅日三州に封を受け、同五年、奥州の泰衡退治の時、先陣の大将に任ぜられ、事故なく逆賊を討ち滅ぼして領国に帰った。そうして、仁義の徳をもって民を愛撫したので、積善の余慶が、五百年来われに至るまで、二十代相続して三州を領し、しかも、代々先祖の武名を辱めないのは、ひとえに文武両道に暗くなかったからである。

近代においては、修理大夫義久は、近衛関白前久公を師範として、『古今和歌集』の奥義を伝え、青蓮院尊朝親王について入木道《じゅぼくどう》を学び、九州一円を平げて太守と仰がれ給うた。これも、文武両徳が兼備して、その徳を以て旗下の諸士を指揮したためである。義久の舎弟兵庫頭義弘は、はじめ守護代として政道を輔佐し、後には、朝鮮に渡って大勝利を博し、異国までも武名を輝かした。

これまた、文武両徳の致すところである。中納言家久は、はじめ又八郎忠恒といった時、秀吉公の命令で朝鮮に渡り、義弘と力をあわせて勇名を馳せたが、その陣中においても、あるいは、風景に接して和歌を詠じ、あるいは、帷幕《いばく》の下に燈火を挑《かか》げて、照高院如霊親王の御手跡を習われた、ということである。戦いの中にあっても文を忘れぬ志は、ひとえに先祖忠久以来、日本第一の武将の後胤である島津の家名を汚すまいと思うからである。

それゆえ、朝鮮国泗川の戦いに、明兵二十万騎を向うにまわし、義弘と力を合わせて一挙にこれを切り崩し、討ち取る首の数は三万八千七百余級、異国本朝にもためしなき大勝利を得られたのも、また、文武の道に身を投じ、精進された賜物である。そなたは、ここに書き記した七箇条の趣旨をよく守り、文武両道を学び、令名を後代にのこさんことを心がけ、親を愛し兄を敬うことを忘れなければ、これこそ、武将の器が成就したというものである。決して油断してはならない。では、これだけのことを教訓しておく。

この、綱貴の教訓状は、要するに、国主たるものの国を治める道を説いたものであって、守護代として島津の当主を輔佐すべき前途を有する十六歳の少年島津又八郎を教えさとしたものである。後書きが長文になっているのは、右大将頼朝公の長庶子豊後守忠久以来、日本第一の武将の家柄をもって任じている島津家の伝統について説き、歴代の武功を称讃し、それらの当主が家名を揚げたのは、武道一途に走らず、文武両道をわきまえたがためである、ということをくれぐれも説きさとしたのである。

織田信長の訓戒

藤吉郎の女房に与えた教訓状

信長《のぶなが》の教訓状にも面白いものがある。それは、剝げ鼠の朱印状というものである。信長の朱印状として、珍しくかな書きのもので、天下布武の印文のある朱印の下に、「のふ」とあり、宛書きには、「藤きちらうをんなとも」とある。この藤吉郎《とうきちろう》女どもというのは、つまり、羽柴《はしば》藤吉郎秀吉《ひでよし》の女房たちという意味で、その実、羽柴秀吉の奥方に与えたものである。

秀吉の奥方は、尾張の国愛知郡朝日村の郷士杉原助左衛門尉定利の娘で、呼び名をおねといった。おねは、秀吉が木下藤吉郎と称した二十六歳の時に、前田犬千代、すなわち、後の利家の媒酌で結婚したということである。非常な賢夫人であって、秀吉との間に一生涯子どものなかったことは玉に瑕《きず》であるが、奥向きのことはもちろん、政治にまで干渉し、いわゆる糟糠《そうこう》の妻として婦徳を全うしたのである。この剝げ鼠の朱印状というのは、信長がその藤吉郎夫人に与えて、武人の妻としての心構えを説いたものである。その文意は、次のようなものである。

仰せの通りに、今度はこの土地へ初めてお越しなされて、お目にかかることができたのは、まずもって、めでたいことである。ことに、結構なお土産をいろいろといただき、その美しさは、目にもあまり、筆にも尽くしがたい。祝儀のおしるしに、こちらからも何か差し上げようと思っていたところが、そちらから実に美事な品物をお届けなされたので、もはやこちらからはとくに差し上げたいと思う物もなくなったので、まず今度だけは思いとどまることにした。またお伺いした時に何か差し上げることにしよう。

今度のお土産は実に結構であったが、それにも増して、そなたのみめ・かたちは、いつぞやお見かけした時よりも、十のものが二十ほどにお見上げ申した。藤吉郎は、妻としてそなたが不足であるとしばしばいっているとのことであるが、実に言語道断、怪しからぬ次第である。どこを探し歩いても、お前様ほどの結構な妻は、かの剝げ鼠としては、二度とまた探し出すことはできないのであるから、これから後は、そなたも心持ちを快活にして、いかにも奥方らしく重々しく振る舞い、悋気などに立ち入ってはいけない。しかし、女としての役目もあることだから、いいたいことも口に出さぬなりに、やるだけのことはやるがよろしい。なお、この手紙の文章の通りに、羽柴藤吉郎に対して意見をしてほしい。

この教訓状は、朱印の形が馬蹄形であり、本文に、羽柴とあり、宛書きは、藤吉郎と記してあるところから考えると、天正五年前後のものであろうと思う。天正元年に信長が浅井・朝倉両氏を滅ぼして北陸を平定すると、秀吉は、功労を賞せられて、近江の国小谷の城主となった。藤吉郎夫人はそれまでの美濃の国の岐阜を引き払って小谷に移り、ついで、秀吉が今浜に移って、その地を長浜と改め、城を築くと、夫人もまた長浜城下に移ることになった。それから初めて、信長の御機嫌伺いにいろいろな土産物を携えて安土城にやって来た。

そうして、長浜に帰ったのであるが、この朱印状は、その後ほどなく安土から信長が藤吉郎夫人に与えて、土産の礼をいい、夫人の容姿が前に見た時よりも倍も美しくなっていたことをほめ、これに対して夫の秀吉が不足をいうのは怪しからぬ、どこを探しても、お前様ほどの細君は、剝げ鼠の分際で、二度と探し求めることはできないのであるから、これから先は、奥方らしく鷹揚《おうよう》に構え、軽々しく焼き餅など焼いてはならない、と戒めたのである。

剝げ鼠というのは、藤吉郎秀吉のあだ名である。秀吉のあだ名が猿といったことは誰でも知っているが、剝げ鼠というのは、この信長の朱印状に出てくるだけである。現在伝わっている秀吉の画像を見ると、その容貌は、猿というよりむしろ鼠に似ているようである。剝げ鼠というのは、恐らく頰のこけた、鼠のような容貌にも似ていて、頭髪でも禿げかかっていたものであろう。身が軽く動作が敏捷であるのを、鼠にたとえたのであろう。

しかし、猿というあだ名のあったことも確かであって、要するに、動作が機敏なところから、猿とか鼠とか呼ばれていたものとみえる。今でも、あだ名を二種類ぐらいつけられている人が、いないでもない。しかし、こうしたことは、いかに信長と秀吉との間が親しく、心にへだたりがなかったかを、物語るものである。

秀吉は、すでに長浜十二万石の大名となり、その地位の向上するにつれて、当時の習慣のままに、側室の問題などが起こりかけていたのであろう。それで、正室としての藤吉郎夫人の心境にいささか動揺を来たし、悋気などを起こし、夫婦の間にいざこざのあったことなどが、自然と信長の耳にもはいってきたのであろう。それに対して信長は、夫人の心情に同情し、その正室としての立場を認め、その器量の美しさをほめ、悋気などというつまらぬ根性を起こさず、正妻らしく堂々と振る舞い、不言実行で内助の功を果たすように、教えさとしたのである。

最後に、この手紙の文章通りに秀吉に意見をしてくれと書いているのは、なかなか面白い。信長という武将は、苛酷短気であったとばかりいわれており、いかにも恐ろしくて、近づきにくい人物であったように思われるが、この教訓状を見ると、あながちそうでもなさそうである。婦女子などに対して、実に細かい心遣いをし、ていねいな注意を与えているところに、その性格の温かさが汲み取られるではないか。

この教訓状は、当時の女性の中で、ことに一家の主婦に与えて、その複雑な生活に生き抜く心構えを教えた点において、非常に珍しくもあり、また、実に結構なものと思うのである。この剝げ鼠の朱印状というものは、数多い信長の手紙の中でも、ことに内容も面白く、文字も立派で、体裁も堂々としたものである。

従来、信長の自筆の朱印状として尊ばれ、戦前の価格で十万円をもってもてはやされたこともあったが、筆者が考証した結果は、信長の自筆ではなく、祐筆の書いたものであるということが明らかとなっている。昭和十九年当時、保阪潤治氏の所蔵に帰している。

信長が一家の主婦の地位を重んじたことは、なお、他にも面白い実例がある。

天正六年正月二十九日のこと、信長の居城である安土で出火の騒ぎがあった。それは、弓の者の礼田与一の宿から火事が起こったのである。ところが、信長は、その火事の原因を、与一が妻子をまだ尾張に置いてきっぱなしにして、安土に引き取らないゆえであるといって、ただちに、弓衆六十人と、馬廻り衆六十人、都合百二十人の中で、妻子をいまだに尾張から安土に連れてこない者を、一度に折檻したのであった。火事を出したのは弓衆の中からだったので、尾張に妻子を置きっぱなしにしてきている弓衆の私宅をことごとく焼き払い、屋敷の廻りの竹や木まで切り払ってしまったので、百二十人の者どもがあわてふためいて、それぞれ女房たちを安土へ呼び寄せたということである。

火事の原因を、女房のいないためといって、女房を遠ざけて気軽な生活をしている者どもに厳罰を与えたなどは、なかなか奇抜なやり方であるが、一家の主婦の地位を認め、平生の仕事の根底となっている家庭の存在に重きを置いたところに、真の政治家としての信長の面目を見ることができるのである。

佐久間父子折檻状

次に天正八年の八月に佐久間《さくま》信盛《のぶもり》父子を折檻した手紙がある。これは、家来の中で、佐久間右衛門尉信盛と、その子どもの甚九郎信栄とが、武道において欠けるところのあったのを、叱責したものであって、その文意は、次のようなものである。

一、お前たち親子が五年在城の間に、善にも悪にもなんらの働きがないということを、世間で不思議がっているが、自分などもそれに気がついて、なんともいいようのないいやな気持ちがしている。

一、大坂の石山に頑張っている本願寺門徒を大敵と思って、ことさらに戦いも仕かけず、そうかといって、また、講和手段も取らず、ただ、石山と向い合っているお前たちの居城天王寺の砦を堅固に構えて、幾年も日をすごしたならば、相手は武人ならぬ長袖のことであるから、ゆくゆくは信長の威光をもって退去するであろうからと、そう思って手加減をしているのであろうか。しかし、武者の道は、また別段なものであるから、このような時に、勝負の道理をよく考え、一合戦やったならば、一つは信長のために、また一つにはお前たち親子のために、下々の兵卒どももかえって苦労をまぬかれ、まことに思うようになることであろうに、思い切った分別もつかずにいたことは、未練の振る舞いに相違ない。

一、丹波の国に対しては、明智光秀が攻め入って、これを平定し、天下の面目をほどこした。それから、羽柴秀吉も、山陽道の数ヵ国に対して経略を施し、比類なき働きをした。池田恒興は、小身者ながら花熊の経営を申しつけたが、これまた天下の誉れを取ったのである。それであるから、お前たち親子も、奮発してひとかどの働きをしなければならぬところである。

一、柴田勝家も、やはり立派な働きをして、一国を治めていたが、天下の人びとの評判もうるさいので、老臣としてとくに引っ込めておくようなことをせず、この春には加賀一国の平定を申しつけたのである。

一、武道が腑甲斐なかったならば、調略でも仕掛け、それでもうまく行かないようであったならば、われわれに相談して処理すべきであるのに、五年の間まだ一度も相談もしかけてこないというのは、怪しからぬ怠け者である。保田のことは、この間の手紙で知らせたが、あの一揆を攻め崩したならば、残る小城にこもる者どもはたいていちりぢりに逃げてしまうであろう、ということを、父子連判の書面で知らせて来たはずであるが、一度の断わりもなく、ただ手紙でそのようなことをいってくるのは、いいわけに過ぎないのである。

一、信長の家中においては、お前たちは、格別な身上である。それに、三河にも、尾張にも、近江にも、大和にも、河内にも、和泉にも、紀伊にも、七ヵ国にわたって手下を持っている。それに、手近の人数を加えて、一合戦をしたならば、決して負けるはずはないのである。

一、三河の国の苅屋の領主を申しつけたところが、前々から家来たちも呼び集めずに、そのくせ先方の土地の者どもを追い出してしまった。しかし、その土地の者の代りを探して来ておいたならばよいのに、一人も雇い入れず、蔵に納めてあった米まで集めて金銀に換えてしまったことは、言語道断の振る舞いである。

一、山崎の代官を命じたところが、前から信長の御声がかりの者どもを間もなく追い払ってしまった。これも、苅屋におけるやり方同様、怪しからぬことである。

一、前々から召抱えておいた者どもに知行を加増し、これに下役をも付け、新たに侍たちも召抱えておいたならば、これほどの失敗はないはずであるのに、けちくさく、金銀を蓄えることばかり考えていたために、今度天下の面目を失ったのである。その汚名は、唐・高麗・南蛮までもかくれのないことであろう。

一、先年、越前の朝倉義景の軍勢を破った時に、お前たちのやり方をだめだと非難したのであるが、それをなんとも感じないで、自分の偉さかげんをやたらに人に吹聴し、その揚句の果てに座敷を引き破ったりなどしたことは、そのために、信長までも面目を失うことになった。ところが、その広言ほどにもなく、格別の手柄もたてずに、ながらくこのあたりに城を構えたなりでいるということは、前代未聞の卑怯者である。

一、お前たち親子の中でも、とり分け息子の甚九郎信栄の心がけをいろいろと書き並べると、筆にも墨にも書きあらわせないほど、怪しからぬことばかりである。

一、それをひっくるめていってみると、第一に、慾深で気持ちがむさ苦しく、良い家来を召抱えようともせず、うかうかとその日を暮らしている。つまり、お前たちは、親子もろともに、武道の心がけが不足しているからだ。

一、下役ばかりをこき使い、領内のことをいい加減にしているのも、だいたい怪しからぬ話である。

一、甚九郎は、親の右衛門尉が下役のことまでいろいろと考えてやっているのに、ただ自分の身分を鼻にかけ、結構ななりふりをしているのは、図太い振る舞いである。

一、信長の代になって三十年も奉公をしている中に、右衛門尉が比べ者のない立派な働きをしたという評判がたったことは、まだ一度もない。

一、信長は、これまで一度も軍に勝利を失ったことはないのであるが、先年、遠江の国へ軍勢をつかわした時に、汝らは然るべき名のある侍どもをいたずらに討死させ、自分たちだけは運よく死をのがれている。それを少しも不思議に思わず、自分の身内の者は一人も殺さず、平気でいるのは、無分別の馬鹿者に違いない。

一、かかる上は、どのような敵でもこれを平らげて会稽《かいけい》の恥を雪《そそ》ぐか、それでなければ討死をするか二つに一つと心得よ。

一、このようなわけであるから、お前たち親子は、頭をそって高野方に蟄居し、お赦しの出るのを待つがよい。

お前たちは、数年の間ひとかどの働きもなく、未練者であるから、その仔細を人びとに布告する次第である。ことに、信長に対して口答えをするなどとは、前代未聞の振る舞いであるから、この恥を雪いで、どこかの敵を討ち平げるか、または、討死をするか、二つに一つを今すぐにも実行しないとならば、その罪は、天下に対する信長の面目にかけて、赦すことはできぬ。

信長が佐久間父子に与えた訓戒状は、だいたいこのようなものである。その原本は、信長の直筆で書かれたというが、それは今に伝わらず、写しだけが『信長記』という記録に載っている。

『信長記』は、信長の近臣大田和泉守牛一という侍が、主君信長一代功業の事績を書き集めたもので、これを整理したのは晩年のことであるが、元来は毎日日記をつけた合い間に、覚えに書きとめておいたもので、信長関係の歴史の材料としては最も正確である。この牛一の『信長記』をさらに潤飾して軍記物の体裁に書き直したものに、小瀬甫庵の『信長記』がある。甫庵は江戸初期の儒医で、『太閤記』と『信長記』の著述があるが、いずれも牛一の著書を基として読物式に面白く書き直したものである。その甫庵の『信長記』を見ると、信長と佐久間甚九郎信栄との関係がくわしくわかってくる。

信栄は、茶の湯を利休に学び、年若くして斯道に執心した。彼は、天正六年に、信長の命令によって、その父右衛門尉信盛とともに、摂津の天王寺の砦を固めていたが、非常に茶の湯に熱中していた。朝となく夜となく茶人たちを招き入れて、数寄三昧《すきざんまい》の生活をしていた。信長は、その年の十月一日、堺の今井宗久の屋敷で茶をのみ、そのついでに、堺衆の茶人たちの座敷を見て歩き、その翌日、初めて信栄の屋敷の茶会にのぞみ、三日に京都に帰ったのであるが、それ以来、信長の眼の前にちらつくものは、堺の数寄者のさまざまな趣向や好みであった。そうして、信栄の茶の湯に対しては、とくにその趣向の上手さに感歎したのであった。

しかし、それに対して、信長の祐筆の武井夕庵という者が意見をした。いやしくも一国の主ともあろう者が、この道に凝ったならば、物事は奢侈に流れ、武道もゆるがせになるであろう。また、それを手本として、京都中の若い職人や芸人の弟子どももまでが、その風をまねて、富めるも貧しきも伊達をきわめ、奢りの民となるであろう。侘びて茶の湯の真の味わいを旨とし、珍肴奇物を事とせず、安価な道具を清らかに用いたならば、数寄ほどすぐれた楽しみはないのである。武士の道は、庶人に情を深くし、美膳の結構を差し控え、賢愚の人品をよくよく見きわめ、一挙一動その処を得たならば、万善日に新たに、百悪日に消滅するであろう、といった。

信長は、この夕庵の諫言がひどく気に入ったと見えて、それ以来、数寄に対する彼の気持ちがおいおいと変化してきたらしい。つまり、武人として茶の湯を催す意味がどこにあるかを悟ったらしいのである。それで、信長は一時は古今の名器を集めたりなどして、この道に熱中し、家来にもやたらにこれを奨励したのであったが、ここに至って、家臣に対して茶の湯政道ということにふれ、やたらの者に茶会を催すことを厳禁したのである。

それにもかかわらず、佐久間信栄は相変わらず茶の湯に耽溺《たんでき》し、天王寺の勤番を勤めながら、なおその生活を改めることがなかったので、天正八年の八月になって、信長は、訓戒の言葉を与えたというのである。天正八年八月という日付は一致しているが、甫庵の『信長記』に見える信栄に宛てた信長の訓戒状は、だいぶその内容が違っている。

甚九郎が茶の湯に熱心である。その百分の一も武道に心がけたならば、父信盛の失敗もこのようにはあるまいものを、無益の数寄に莫大の金銀を費やし、拾い首をした者に対しても恩賞を怠り、朝な夕な露地に出て塵を拾い、数寄屋に入っては堅柔を評し、或いは宇治橋の三の間、小佐目井の水、大坂の水などと、その勝劣を争い、数寄者の善悪にあたら暇を費やし、臣下の忠不忠や善悪に対する沙汰を忘却し、ただ明けても暮れても、絵賛の長短不是、道具の古新、可不可などを論じ、月白く風清き境界に到らんことを欲し、或いは茶の色香、食味の厚薄などに多くの月日を空しゅうし、詮もなき座敷の隅々までも念を入れるのは、むだなことである。

このような文章で信栄を戒め、これを闕所の刑罰に処したのである。

佐久間信盛父子は、信長の命によって摂津の天王寺の砦を守り、石山本願寺の押さえとなっていたのにかかわらず、数年の間なんらの目立った働きもなく、武道を怠り、茶の湯三昧の日を過ごしていたので、ついに信長によって罰せられ、高野山に登らされたが、間もなく、信長のいいつけによってそこをも立ち退き、領地は没収され、紀州熊野の山奥を足にまかせて逐電したのである。譜代の家人にも見棄てられ、素足に草履をはき、草履取りもなく歩き去ったありさまは、人の見る目にも憐れであった、と牛一の『信長記』に記してある。

信盛は、その後間もなく病死したのであるが、息子の甚九郎信栄は、信長の歿後、その次男信雄に仕え、のち剃髪して不干斎と号し、秀吉に仕えて御伽衆《おとぎしゅう》となり、晩年には徳川秀忠に仕えてさらに御伽を勤め、駿河守に任じ、武蔵の国で三千石を領し、寛永三年四月に病死したのである。

この信長の訓戒状は、秀吉が甥の秀次やその家臣に与えたものとよく似ている。武道をもって武士の本分とし、これに欠けるところのある者を厳しく叱責し、さらに、見込みのない者に対しては、これを厳罰に処したのである。しかし、罰するがための理由をできるだけ細かく具体的に明示し、武士の践むべき道を明らかに教えている。

この点において、あくまでも現実に即した戒めであり、当時の武士がどのような生活をしていたか、いかなる心構えを持たねばならなかったか、その点が、手にとるようにわかるのである。武士が戦場にのぞんでは、あくまでも勝たねばならなかった。敵を倒すか、自分が討死するか、二つに一つであり、その中間のあいまいな態度は卑怯未練として絶対に許されなかった。この点、戦いに勝つことを生存の目的とした戦国武人の烈々たる気魄に、胸打たれるのである。

婦人に対する教訓にしても、家臣に対する訓戒にしても、いずれも抽象的なお説教ではなく、実際の場合を取り上げて、それがどういうわけでよくないか、間違っているか、それらを具体的に指摘し、反省をうながし、刑罰に処すべき場合には、その実際の理由を一々書き上げ、他の戒めとしたのである。このような訓戒であればこそ、乱世において実際に下々を導き、治績を大いに上げていったものと思われる。

豊臣秀吉の訓戒

関白秀次に与えた訓戒

蓋世の英雄豊臣秀吉《とよとみひでよし》が、その家族に与えた訓戒状にも、面白いものがある。まず、家族に与えたものとして、甥の秀次《ひでつぐ》にやって、その武人らしからぬ振る舞いを叱ったものがある。それには二通あるが、一通は天正十二年、長久手合戦直後に秀次の敗北を叱責したもの、一通は、同二十年関白職を秀次に譲るに際して、これを教訓したものである。

初めの一通は、秀次が十六歳の少年であった時、これに意見を加えたもので、時に秀吉は四十八歳であった。秀次は、秀吉の姉瑞竜院夫人の長男で、すでに天正十一年正月、すなわち、彼が十五歳の時に、秀吉に従って、伊勢の国の滝川攻めに一方の大将となり、同年四月の柴田合戦にも羽柴勢第六陣の部将として功があった。けれども、翌十二年の小牧役には、四月九日の長久手合戦に、徳川家康の本拠三河の国に対する奇襲作戦の総大将となり、かえって家康の反撃を受けて、大敗したのであった。秀吉は秀次の敗戦を遺憾とし、その際における彼の武人らしからぬ態度を腑甲斐なしとして、これに戒めの言葉を与えた。

それがこの訓戒状であって、同年九月二十三日の日付になっている。原本は今に伝わらず、文章の写しが「河井氏聞書」という記録に収めてある。全文五箇条よりなり、日付の下には秀吉と署し、宛て書きは切れてなくなっているが、文章の内容にあたれば、それが秀次に与えたものであることは、むしろ一目瞭然である。

一、この頃、お前は秀吉の甥だという気構えで、おいおいに増長して来て、他人に対してもしばしば慮外の振る舞いがあるのは、実にもっての外のことである。どのような者に対しても、つねにへり下って、秀吉の甥らしくその身の行ないを慎むべきで、たといどのような者にでも、秀吉の甥子様と思って崇め敬われるような、心がけをもつことが大切である。

一、これからは、秀吉も決して赦さぬぞよ。一時は勘当しようとまで決心したのであるが、またもや不憫の心が湧いてきたので、この書状のことを思いつき、書きつけたわけであるから、今までの心がけも直り、他人からも人並みの人と呼ばれるようになったならば、身代のことも、いまの河内の国北山二万石からさらに取り立ててやる考えである。

一、今度の長久手合戦に木下助左衛門と木下勘解由を付けてやったところが、それを両人とも討死させてしまったのは、ことさら申しわけなかったと思わなければならないのにその気持ちもなく、一柳市介を通じて、池田監物とかいう者を付け人にほしいということを申し出たようだ。この秀吉様がたとえどのような者を預けたとしても、今度お預けなされた者を、一人も残さず、二人とも皆討死させて、自分だけ独り生き残ったのだから、またも御家来を預かることは、外聞も悪いとて、当然遠慮すべきであるのに、その遠慮さえないとは、付け人をよこしてほしいと申しつけた秀次はむろんのこと、それを取り次いだ一柳市介も無分別の大たわけであると思って、もはや市介めをも手討ちにしてくれようと思ったのであるが、それさえ今まで言葉にも出さず、じっと腹に折り込んで我慢してきたわけである。

今後はよくよく分別して、諸事につけて十分嗜みのある振る舞いをなし、他人から、秀吉の甥の切れ端とでも呼ばれるようになってくれたなら、何よりも満足であるから、この書状に認《したた》めた教えを守り、心持ちから何まで嗜むことが肝要である。

一、これから先、覚悟もあらためて恥ずかしくないように心がけるならば、どの国であろうとも知行させせたい考えである。しかし、ただいまのように無分別のたわけであったならば、秀吉の甥子としてその身をながらえさせておくことは、お前だけでなく、秀吉の面目をも汚すことになるから、じきじきに手討ちにしてくれようぞ。秀吉は、元来人を斬ることが嫌いの性分であるが、覚悟がなおも直らないお前を、他国に行かせたのでは、恥の上にも一門の恥さらしとなるから、人手にかけず、秀吉のこの手で殺してやろうぞ。

一、この間までは、お前も、人からもかれこれいわれる事もなく、器用らしく、また、こざかしく家来にものなぞいいつけ、武者押しも堂々とやることのできる天晴れ若武者と見受けられたので、わが養子の御次丸秀勝は病身者であるから、お前を秀吉の名代に立てようかと思っていた次第であるが、お前がこのように無分別な心がけを持っていたのでは、秀吉としても仕方なく、十分に心をきめたからには、お前を処分したからとて、なんの後悔することもないのじゃ。

右にのべた五箇条のお戒めのとおりに、今後心を入れ換えて、十分の嗜みを持たなかったならば、八幡大菩薩も御照覧あれ、必ず人手にかけず、じきじき手討ちにする考えである。くわしいことは、使いの宮部善浄房及び蜂須賀彦右衛門の両人に申し含めてやったから、小倅のお前でも、この教えを受け取るだけの心得でいることが必要である。

これが訓戒状の文意であって、第三条に木下助左衛門とあるのは、名は祐久、一柳市介は直末といい、ともに秀吉譜代の臣である。第五条に御次丸秀勝とあるのは、織田信長の四男であって秀吉の養子となっていた若殿のこと、宮部善浄房は継潤、蜂須賀彦右衛門は正勝、ともに秀吉の直臣である。

この訓戒状が非常に特殊な面白いものであることは、文章を一読すればよくわかることである。秀次は、この時、河内の国北山二万石の領主であった。秀吉は、当時すでに四十八歳に達していたが、まだ実子がなかったので、姉の子の孫七郎を少し以前から自分の養子としていた。これが秀次であって、当時十六歳の若武者であった。その若武者の見るも痛ましい敗戦に対する強意見《こわいけん》が、これである。

秀吉は、将来わが跡をついで天下に号令すべきものとして、決して甥を甘やかさなかった。しかし、この文章を見ると、秀次は、たんに長久手に大敗したというばかりでなく、日頃の心がけもいけなかった。この日頃、秀吉の甥子であることを鼻にかけ、人にも慮外の振る舞いがあったのである。だからこれからは何人からも秀吉の甥だとあがめられることが肝要である、といったのである。お前のような心がけの者は、この世に無きものにせんと一度は思い定めたが、また不憫の心が起こり、この一書を書きつけた次第であるから、心がけも直って他人にも一人前の人と呼ばれるようになったらば身の上の事も今よりもっと引立ててやろうと、厳しいうちにも人情味たっぷりのところを見せている。

それから、長久手敗戦に対する秀次の心がけの武人らしくないのを責め、その一方に、しかし今後よく分別をして万事について嗜み深く、秀吉の甥の切れ端かと人に呼ばれれば満足である。覚悟が直ったならば、いずれの国なりとも遣わそうが、唯今のような馬鹿者では、たとい命を助けても、秀吉の面目にかかわるから、お前を手討ちにもしよう。元来秀吉は人を斬ることが嫌いだが、お前をそのまま他国へ出したのでは、恥のうわ塗りになるから、同じ殺すなら人手にはかけさせない、というのであって、秀吉がその一門一族に対して毫も私せず、刑罰の上にもきわめて公平な態度を持ちつづけようとした心意気が、この訓戒状のうちにありありとうかがわれると同時に、戦国時代における若武者が、いかに烈しく練成されたかがわかるではないか。

次の一通は、前の訓戒状から八年もたって、また秀次に与えられたものである。秀次は、その後秀吉の養嗣となって、姓を羽柴と改め、天正十三年紀州根来雑賀攻めの副将となり、同年四国陣には一方の大将となり、また、九州陣や小田原役や奥州九戸征伐にも参加して功をたてたが、十九年十二月、ついに秀吉の世嗣と定められることになった。これは御次丸秀勝が天正十二年に病死し、同十七年に秀吉が側室淀殿との間にもうけた長男鶴松も、同十九年わずか三歳にして夭折してしまったから、秀吉としても、やむを得ない事情にあった。そこで秀吉は、関白の栄職を秀次に譲り、自から太閤と号し、秀次の政治を監督することになった。

この訓戒状は、秀次が関白になる八日前に与えられている。当時、秀次はようやく二十三歳の若武者であった。彼は、秀吉のこの二度目の訓戒状に対して誓詞をしたため、秀吉の祐筆木下吉隆に差し出したのであった。秀吉の二度目の訓戒状というのは、初めに「覚」とことわって、四箇条にわたっている。これは、覚書の体裁をとっているが、宛書きには、内大臣殿とあって、秀次に与えて、関白としての一身上の持ち方や、家来や下の者に対する態度や、政治のやり方や、軍の場合の心得などを教えさとしたものであるが、実に用意周到で、かんでふくめるように書いている。その文意は、次のようなものである。一言一句を味わってほしい。

一、諸国が安穏静謐によく治まっているように見えても、あらゆる武備について、御油断あることなく、武具やその他兵糧に対する嗜みも、秀吉のやったように行ない、もし出陣するような事になったならば、用意万端整え、兵糧も十分に支度した上で、長期陣営の心構えが大切であること。

一、天下を治める上から、掟を厳正に定めてほしい。そして、その掟に、少しでもそむく者ができたならば、決して依怙贔屓なく理非をさばき、たといそれが兄弟や親族であろうとも、罪のある者は処罰せねばならぬこと。

一、朝廷に対し奉っては、とくに心づけて御奉公申し上げよ。なお下の奉公人に対しては、誰彼れの差別をつけず、役に立つ者に対してはことさらねんごろにしてやるがよい。また、誰であろうとも、忠義のためにこの世を去った者に対しては、その後継ぎを立てて、一家の絶えないようにしてやらねばならぬ。ただ、家名をつがせる場合に、十歳未満の幼子には、名代を立ててやり、また、夫婦の間に子どももない場合は、弟につがせ、娘一人子の時には堪忍分の知行を与えて、困らないようにしてやらねばならぬこと。

一、茶の湯・鷹野・女狂いなどは秀吉の真似など決してしてはならぬ。ただし、茶の湯というものは上品な慰み事であるから、しばしば茶会を開き、人を招待したりすることは、一向かまわない。また鷹狩は、鳶鷹・鶉鷹など、男児の慰みとして盛んにやってよい。使い女は、屋敷の中に五人なり十人なり置いても差し支えない。ただ、屋敷の外で猥りがわしく女狂いをしたり、鷹野や茶の湯なども、秀吉のようにむやみやたらにやって、下賤の輩や人目のはばかる所へやたらに出入りすることのなきように、十分に慎むこと。

日付は天正十九年十二月二十日とあって、その次に秀次の起請文が付いていて、血判が押してある。血判の血の色は、今なお黄色になって残っており、凄壮な感を湧き起こさせる。起請文の宛書きは、木下半介殿とあり、すなわち、秀吉の祐筆木下半介吉隆の許に返したものである。

さて、この訓戒状は、四箇条から出来上がっているが、第一条には、武備の心がけを説き、第二条には、賞罰は公平にしなければならぬと教え、たとい一家同族の者であっても、天下の事は私すべきでない、と戒めている。第三条には、朝廷にたいして忠勤を励み、奉公人を憐み、ねんごろにこれを愛撫し、忠義を尽くして死んだ場合には、よくその遺族を保護し、十歳以下の幼児を遺して逝った者の名代を立て、子の無い者は弟に家をつがせ、女子だけの場合には、堪忍分の知行を与えよ、といっている。第四条には、平素の嗜みを説き、茶の湯・鷹狩・女狂いを禁じ、その点では、秀吉の現在の行為を真似してはならぬ、ととくに戒めている。

ただし、茶の湯は慰みであるから、しばしば茶会を催して人を招待するのは差し支えないといい、鷹狩には鳶鷹・鶉鷹など慰みとして行なわせ、女中は屋敷内に五人、または十人くらいおいてもかまわないが、外で猥りがわしい女狂いをしてはならぬ、と戒めた。そこで、この教訓に対して、秀次は八百万の神に誓って、この箇条にそむかぬことを約束したのであった。この教訓状は秀次が豊臣家を相続する上において、まず第一の規準となったものである。したがって、この戒律を犯す時には、家督相続者としての資格を失うわけであった。

このように、秀次はしばしば秀吉から厳格な教訓を受け、関白として国内の政治をつかさどる地位に在ったのであるが、文禄二年の八月、秀吉が五十七歳で秀頼という世嗣をもうけてから、やがて秀次にかわる者は秀頼であろう、などという世間の風評に心を動かされ、生まれながらの性分もこれに手伝って、畏《かしこ》くも、正親町天皇の諒闇に野遊びをしたり、平家琵琶を奏したり、家来に相撲をやらせて見物したり、殺生禁断の比叡山で鹿狩をしたり、はなはだしいことには、些細な事から座頭や料理人をなぶり殺しにしたり、とかく乱行がつのるばかりであった。しかも、これが朝鮮役の最中の出来事であったので、ひどく秀吉を怒らせ、秀次の評判はいやが上にも悪くなるばかりであった。その果てには、山中に隠れて謀叛をたくらんでいるなどという疑いをかけられ、高野山に追放、切腹を命じられた。それが文禄四年七月十五日のことで、福島正則などが検使となった。

時に秀次は二十八歳であったが、登山と同時に、すべてを観念し、死の覚悟を定め、斎戒沐浴を終わって、静かに腹を切って果てたのである。山本主膳以下十八歳前後の若侍五人が殉死した。居合わせた東福寺の玄隆西堂という僧侶はかかる折りに来合わせたのもよほどの因縁があらばこそ、といってともに腹を切って秀次の死に殉じたのであった。無器量人としばしばののしられ、ついには謀叛の大罪人と定められ、この罪に連座した妃妾三十余人の中に母子のものがいたところから、京都三条河原にその首をさらした末、墓を畜生塚とさえ呼ばれた秀次も、その最期は、さすがに大和武士の名に恥じず、見事なものであった。腹を十文字に掻き切って、左手の指手で臓腑をつかみ出し、泰然として首を打たせたのであった。

甥の秀次に対する秀吉の試練は、かくも手厳しかった。これは、秀吉がことさらに秀次を憎んでいたからではない。秀次は、秀吉にとっては実の姉の子どもであり、秀頼が成長するまでは、秀次のほかには豊臣家の跡をつがせるものもいなかった。なんとかして豊臣家の跡をつげるだけの立派な大将に育てたかった。世はまだ戦国争乱の気風治まらぬ頃であったから、実力がものをいう。

豊臣家も形だけの跡取りでは心配であった。名実ともに立派な大将に鍛え上げたいというのが秀吉の望みであったから、秀次に対してしばしばこのような厳しい訓戒を与え、その反省と努力とをうながしたのである。けれどもついに秀吉の訓戒も無になり、長久手合戦直後の宣告通りに、人手にはかけずに、しかも、特別な情をもって、高野山に切腹させたのであった。

神子田半左衛門折檻状

秀吉が家臣に対して与えた訓戒状にも、面白いものが相当にのこっている。

秀吉創業の臣に、神子田半左衛門《みこたはんざえもん》・宮田喜八郎・戸田三郎四郎・尾藤甚右衛門の四人があって、軍功抜群をもって知られていた。秀吉が播州を平定した際に、この四人の家来に五千石ずつ知行を与えることになった。すると、宮田・尾藤・戸田の三人は、五千石では不足であるといって喜ばなかった。ところが、神子田だけはそれを非常に喜んだので、外の三人は不思議に思った。

神子田がいうには、それがしは実は五千石の知行を貰うことを喜んでいるのではない。秀吉の仰せには、今度領地を家中の者どもにいろいろと分配して、余った土地が少なくなったので、まず少知を与えるということであるが、播州は大国であるにもかかわらず、このようなことをいわれるのは、この四人の者を知恵なし侍とお考えになるからであろう。その知恵なし侍にともかくも五千石ずつ下さるのは、よくよく武功が多かったためであろうと思う。まずもって目出たいことじゃわい、といって笑ったということであるが、元来、この神子田半左衛門というのは、自分の功労を鼻にかけて、秀吉を小馬鹿にしていたらしい。

天正十一年の小牧の役に、尾州二重堀で徳川家康の軍勢と対陣していた時に、半左衛門は自分の手勢の崩れたのも知らずに、自分ばかり先に引取ったので、秀吉が不思議に思っているところへ、敵の首を一つ下げてやって来たので、これを褒めると、半左衛門は、このような小さな手柄をお褒めになったならば、部将たちは匹夫の勇にばかり心をかけ、軍《いくさ》を大勝利に導くという考えがなくなってしまうのではござらぬか、といった。これを聞いた秀吉は大いに怒って、汝のような者は、首一つ位下げてこないでは、その他に何が勤まるか、分に過ぎた一言である、とののしった。

そこでまた神子田は、勝利の大小をわきまえないで戦の功労を取り計らうのは暗将である、ともに語るに足りない、といった。秀吉はいよいよ怒って、汝は軍に敗北して、士卒を棄てて逃げ去ったのだ、大勝利の理屈など知るわけがあろうか、この臆病者め、と叱った。半左衛門は、目暗くして理非をわきまえないのが暗将でなくなんであろう、といって、その場をしりぞいたが、その後、程なく陣中において秀吉のために殺されたということである。しかし、半左衛門が罪せられたのは、小牧役の翌年の天正十三年閏八月のことであったらしい。京都大学所蔵の古文書集には、この神子田半左衛門を罰した時の文書が収めてある。日付は閏八月十三日で、秀吉の朱印が押してある。その文句は、だいたい次のようなものである。

神子田半左衛門は、主君に対して口答えをし、あまつさえ臆病に構え、掟にそむく奴である、と思って、御腹立がひととおりでないので、高野山からも追い払ってしまったから、そのつもりで、半左衛門一身の事はいうには及ばず、妻子一族に至るまで処罰することにきめた。これをこのままで棄てて置くのは怪しからぬことである。

これによると、半左衛門は、死罪に処せられる前に一度高野山に追放されたらしい。そして、その頃の刑罰の定石どおりに、その罪は妻子一族にまで及ぼされたようである。一説によると、半左衛門の死骸は一条の反橋にさらされた。そして、秀吉自からそこに札を立てたが、その文句に、この神子田半左衛門は敵前において臆病な振る舞いをしながら、かえって主君に対して悪口雑言に及んだので、このように書きつけて、後の者の見せしめとする、とあったという。

秀吉が武士道の立場から、少しでも主君の気持ちにさからったり、戦場で臆病な振る舞いをしたものに対して、徹底的な刑罰を与えたことは、この神子田半左衛門の例でまずよくわかるのである。

神子田半左衛門のことは、ほとんど世に知られていないけれども、かなり働きのあった武人であったに違いない。半左衛門を処分することを知らせた秀吉の朱印状も珍しいものである。半左衛門の子孫のことは、ちょっとわからない。

加藤光泰に与えた訓戒状

加藤《かとう》作内光泰《みつやす》に与えた秀吉の訓戒状にも面白いものがある。

加藤光泰は、姓は藤原、美濃の国の人で、天文六年に生まれ、はじめ信長に仕えたが、信長の死後、秀吉に属した。各所の戦功によって遠江の地を与えられ、従五位下遠江守に叙任した。天正十八年、小田原陣の後、甲斐の国二十四万石に封ぜられ、文禄元年に朝鮮役が起こると、秀吉の命によって、長谷川秀一などとともに、二万余の軍勢をひきいて彼の地にわたり、晋州城を攻めたが、戦い利あらず、同二年八月二十九日、朝鮮において病死した。時に五十七歳であった。石田三成と仲が悪くて、三成のために謀殺されたともいわれているが、確かなことはわからない。

秀吉が光泰に与えた訓戒状というのは、直接、彼に与えたものではなく、秀吉の直臣一柳市介に托して、光泰の行動を戒めたもので、五箇条にわたっている。

一、加藤作内は、元来、五十石か三十石のごく軽い身分の者であったが、それをば取り立てて過分に知行を与え、家来をも持たせたのであるから、この秀吉が死んだあとまでも、その事を忘れないだろうと思って、とくに肝心かなめの場所である美濃の国大垣城を預けたのである。

一、大垣は、元来、肝心なところであるから、その城に蔵ってある米は、ひょっとして関東のほうへ出陣などする際の兵糧にあてるためのものであるから、その蔵入領の七千石の代官をば、作内に預けておいたわけである。ところが、作内は、身分不相応に家来をたくさん召抱えたので、その蔵入領にも役人をもっと増やしたい、といって来た。言語道断の次第で、実に怪しからぬことと考えている。

一、そんな無法なことをいって出た結果は、二十石宛ての者に対して、五百石宛て、千石宛てという具合に、たびたび知行の数を重ね、今では、大垣城を中心として、その城のあたりで二万貫の知行を実際に取ることになってしまった。七千石の代官を勤めているのに、事実、二万貫を取っているわけである。この秀吉は、作内のためには、日本の国のことはいうまでもなく、唐の国まで平定することを命じるつもりでいるのであるから、作内としても、その心持ちを汲み、知行相当に家来を扶持しなければいけないのに、自分の知行よりも人数を多く召抱え、その上、蔵入領にも役人を別に付けたいといって出たことは、たとい、それが親子の中であっても、あまりにも押し付けた申し分である、と考えた次第である。

一、蔵入領にさえ、役人を付けると申し出たのであるから、隣の稲葉の知行や、池田三左衛門の知行や、または、江州の知行までも、作内の知行に入れ込んでしまったことになるから、そんなことでは、国の動乱も出来することであろう。そのように、自分の分限より多く召抱えた家来に知行を取らせたいなどと考えることは、もっての外である。そのような者を、肝心かなめの城に置くということは、無分別であるが、二万貫の知行をそれぞれ与えて、大垣城を中心として、その付近に散りぢりに人を置くなどということは、いかにも不安であるし、そうした知行を貰った人々も、その身の科を知らずにいることであろうから、いずれにしても困ったことだと思って、この一書を遣わして、作内の気持ちを聞いてみることにしたから、作内としては、これに対して、誓書を差し出してほしい。そのようす次第で、かの新たに召抱えた者どもを追い払うか、または、そのままほうっておくか、二つの中の一つに定めたいものである。

一、これは、いまや分別すべき一大事であるから、いまいったように、作内を得心させて、誓紙を書かせてほしい、返事を待っている。

日付は、九月三日、秀吉の朱印を押し、宛書きは一柳市介となっている。これは天正十三年、越中征伐の後に、光泰を美濃の国大垣の蔵入領の代官となした際のものであって、蔵入領というのは、すなわち、直轄領のことである。秀吉は、国内を統一するための政治的手段として、平定地域の各要所にこの蔵入領を設けた。そうして、その代官としては、最も信用のおける譜代の家臣を任命したのである。美濃の国は、近畿より中仙・東海両道に通ずる要所であり、わけても、大垣城は、政治的・軍事的要衝にあたっている。

秀吉が、この要衝に蔵入領を置き、その代官に光泰を任じたということは、いかに光泰を信用し、その力を頼りにしていたかがわかるのである。ことに、大垣の蔵入米七千石は、近い将来において、秀吉が関東に出陣する際の兵糧米に当てたのであって、これを守るための光泰の任務は、非常に重かったと見なければならぬ。

ところが、光泰は、七千石の代官領に不似合な大勢の役人を召抱え、それにそれぞれ多くの知行を与えたので、大垣城を中心として、その城廻りに、合わせて二万貫も知行を喰む光泰の家来がごろごろしていた。そういうことは、近隣の稲葉一鉄や、池田三左衛門照政や、または江州付近の大名の知行にも食い込むことになって、国内動乱のもとであるから、今のうちになんとか処置をつけねばならぬ、と心配したあげく、その迷惑する理由をこまごまと説明し、一柳市介直末を通じて、このことを光泰に伝え、誓紙を書かせ、その意見をのべさせ、光泰の意見を参考にした上で、改めて処置をとりたいというのである。

訓戒状というより、むしろ、きわめて条理をつくした穏当な教訓状であって、秀吉という大将が、いかに細心であり、家来を導くのに恩愛の情をもってしたかがわかり、その点、胸を打たれるものがあるではないか。なお、確かな史料に秀吉の明国出兵の事が見えているのは、これが初めてである。

佐々成政処罰の朱印状

家臣に与えた秀吉の訓戒の一つとして、佐々陸奥守成政《さっさむつのかみなりまさ》を罰した時のものがある。成政は、織田信長の旧臣であって、越中の国を領してかなりの勢力があったが、天正十一年の賤ケ嶽合戦に柴田勝家に属し、十二年の小牧役にもはるかに織田信雄や徳川家康に呼応して秀吉に反抗した。そのために、秀吉は、十三年になって越中の国に出陣して成政を討ち、これを降参させたのである。秀吉は、成政のたびかさなる反抗的行為を憎み、これに自害を命じようとしたが、信雄が助命を申し出たので、主人信長公以来の旧誼を思って、とくにこれを赦し、越中の国の一部の新川一郡を与えた。

そうして、天正十五年九州役の後には、肥後の国の大半を与えて隈本におらせたのである。ところが、成政の政治が宜しきを得ないで、あるいは検地を苛酷に行ない、あるいは刑罰を重くしたため、菊池郡隈府の城主隈部親家が兵をあげて謀叛し、国人もこれに応ずるものが少なくなかったので、成政は、一時城を出て難をのがれ、筑前の小早川隆景や、筑後の立花宗茂の援けを得てようやく乱を鎮めることができた。

そこで、秀吉は、成政の罪をとがめることになった。成政は、それを恐れて、翌十二年、毛利家の使僧安国寺恵瓊を間に介して秀吉に会見しようとしたが、秀吉としては、先に越中を征伐した時、すでに成政を滅ぼすべきであったのを、今日までその命を助け、情を加えて大国を領せしめたのであるが、事ここに到っては赦すことあたわず、成政を摂津の尼崎に幽居させ閏五月十四日、ついにこれを誅し国を奪ったのである。そして、天下の諸大名に対して、天正十一年以来の成政の罪科をあげ、その処罰すべきゆえんを布告したのである。その布告文の文意は、次のようなものである。

一、天正十一年に、柴田勝家が秀吉様に対して謀叛を構え、江州北郡の余吾表に乱入したので、関白秀吉様御自身で駈けつけられ、勝家の軍勢を破り、その足で越前北の庄を討ち果たしたところが、陸奥守成政は、勝家と心を合せ、越中の国にいて、加賀の国金沢の城主の佐久間盛政が城を落ちのびると、その後へ走り込んで頑張っているので、ただちに越前から御馬をかえして金沢城を取り巻かれたところが、成政は頭を剃って、首をはねてほしい、といって秀吉の陣屋に走り込んで来た。しかし、その首もはねないで、まえまえのように、越中一国を与え、飛騨の国取り次ぎの役まで命じておいたのである。

一、天正十二年に、織田信雄が尾張の国で不都合を起こした時、成政は、またもや秀吉様に差し出しておいた人質を打ち棄てて、謀叛を起こし、越中から加賀の国の端へ乱入して、城々をこしらえたので、十三年になって、秀吉様はただちに出馬あり、端城を打ち果たし、越中にある成政の居城の富山を取り囲んだところが、またまた頭を剃って降参を申し込んで来たので、あわれに思い、首をはねずに城を受け取り、越中半国を与えた。成政は、娘を連れて大坂にいることになったので、可哀そうに思って、摂津の国能勢郡を娘のための堪忍分の知行として下され、あまつさえ成政の位は公家にまで昇らせてやったのである。

一、筑紫を御征伐のために、天正十五年関白様は御出場なされ、これをあまねく平定なされた。成政は、信長公の時に怪力があるという評判がたっていた。それを関白様も見知っておられたので、肥後の国は筑紫の中でもよい国なので、肥後一国を成政に与え、兵糧や鉄砲の玉薬までいっさい城々に入れ、普請までしてやって、それをそっくり成政に与えたのである。

一、筑紫陣がおわった時、国人である隈本、宇土、小代の領主の首を赦し、それぞれ堪忍分を与え、城主は、人質の女子どもをつれて大坂へ詰めさせ、肥後の国に病の起きないように処置し、後に残った国人に対しては、それぞれ人質として、女子どもをつれて成政の居城である隈本に詰めさせておいた。国人の中でも、隈部親永は、豊後の大友に味方して日頃から関白様へ対して如才もなかったので、元からの知行はいうまでもなく、新しい知行も増してやっておいたところが、陸奥守成政は、大坂の関白様に対して一言の断わりもなく、親永の城を攻めかけたので、親永は頭を剃り、成政のもとに走り込んだ。親永の子の親安も親につれられて山鹿城に引き込んでいた。ところが、それを知った国人は、たちまち一揆を起こし、隈本城へ攻め寄せたので、成政がひどく難儀をした。その知らせを受け、ただちに小早川隆景・竜造寺政家・立花宗茂などに命じて隈本城へ兵糧を入れさせたが、一向はかがいかないので、さらに毛利輝元に命じて天正十六年の正月中旬寒天の頃、これだけの軍勢をもって肥後の国を平定なされたのである。

一、天正十一年以来の、右にのべたような怪しからぬ事が数々あるにもかかわらず、それを許しておいたところが、このたび成政が国内で乱を仕出かしたことは、関白様の御面目丸つぶれであるから、何はともあれ、成政の腹を切らせるようにお考えになるはずであるが、他の家来の心持ちも考えて、浅野長吉・生駒近規・蜂須賀家政・福島正則・戸田勝隆・加藤清正・森吉成・黒田孝高・小西行長らに命じ、軍勢二、三万を引き連れて、上使として肥後の国につかわし、隈本にとどまり、成政は怪しからぬ奴であるから、八代に追いやり、肥後の国の者どもの忠不忠を見分け、不忠者はことごとくその首をはねるように仰せになったところが、またもや成政は上使をおっぽらかして大坂にやって来たので、これを摂津の尼崎に追い込み、警護の人数を付け、筑紫へつかわした上使が帰り次第、肥後の国の者どもの処罰の仕方をお聞きになった上で、成政を領国から追い払ったものか、または、腹を切らせたものか、二つのうちどれか一つに命じようとお考えになっていたところが、肥後の国の事はいうに及ばず、筑紫がことごとく鎮まり、国人千余人は首をはねられ、その中で大将分の者百余人が大坂に詰めることになった。

したがって、喧嘩の相手の国人どもの首をはね、成政だけを助けてやったならば、気まぐれな関白様であると国人どもも考えることであろうから、可哀そうであるが閏五月十四日、ついに成政に切腹を命じたのである。

一、成政の家来で肥後の国にいる者どもは、別に差し支えないから、その分限に応じて知行を与えたのであるから、隈本におったがよい。

以上の六箇条からできている。

俗説によると、秀吉は、信長の旧臣の中で最も勢力のあった佐々成政を、なんとかして罪に落とし入れ、これをほろぼそうとして、九州陣の後で政治の一番困難な肥後の国に封じたのである、などといっているが、その見解の誤りであることは、この布告文を読み味わえば誰しも気がつくであろう。彼が成政をほろぼそうと考えれば、その機会は他にいくらもあった。天正十一年に柴田勝家を退治したついでもよかったし、十三年に秀吉が自ら大軍をひきいて越中の国に討入った時でももちろんよかった。けれども頭を剃り降参さえしてくれれば、その心中を憐んでたびたびこれを赦し、これに堪忍分の知行さえ与えて、なんとかして助けておこうと苦心したのである。九州陣の後で成政に肥後の大半を与えたということは、信長以来の武功を認め、はなはだしくこれを優遇した結果であろう。

けれども、成政がこの優遇に対して報いることができず、筑紫がようやく平定したにもかかわらず、またもや肥後に動乱を起こすというような失態を演じたので、ついに身の破滅となったのは、致し方もないことであろう。これによって秀吉は家臣を罰するにも十分遺憾なきを期した有様が知られ、順を追ってその罪を責め、その理非を広く余人に問うたようすがよくわかるのである。文外にあふれる慈悲の心は、この布告文を読む者の胸にひしひしと迫るものがある。戦国武人に対する最も実際的な訓戒といってよかろう。

大友義統改易の朱印状

秀吉の家訓として、最後に、朝鮮役の部将であった大友義統《おおともよしむね》を処罰した時の朱印状をあげておく。

大友義統は九州探題の家柄で、豊後の国主でさえあったが、島津氏の圧迫を受けて、救いを秀吉に求めた結果、九州征伐となり、以来秀吉の覚えも目出たく、朝鮮役には小西行長についでわが軍の先鋒となり、行長が第一線として平壌に陣した時、鳳山という城を守っていた。ところが朝鮮役の始まった翌年の文禄二年の正月に、明の将軍李如松が大兵をひきいて平壌に来襲した。

この時、義統は不覚にも陣営を撤して難をのがれたので、小西行長も大敗して平壌から一時しりぞくことになった。その事がまもなく、肥前の国名護屋の本営にいた太閤秀吉の許に伝えられると、秀吉は、わが国武士道の手前、これを非常に怒って、義統処罰の事に関して、その理由をこまごまと書き並べ、朝鮮在陣の諸将に示したのである。その朱印状の文句がいまもなおのこっているが、次のようなものである。

一、今度、小西行長が平壌を守って数度火花を散らして戦ったのであるから、つなぎに置いてある城を守っている者どもは、これに加勢するのが当り前である。

一、ところが、行長に対して加勢もせず、平壌でまだ食い止めているうちに、つなぎの城の一つを守っている義統が先手の様子さえ見定めずに人数を崩して退却したのは、実に怪しからぬことである。秀吉は、若い時から武道においては、御自身のことはいうに及ばず、近い者どもの中にも、そんな馬鹿な話を聞いたこともない。今度の有様は、日本の国の中でさえあるまじきことであるが、大明国に関係したことであるから、懲らしめのために、義統一身の事はいうに及ばず、一族の者どもを成敗し、これをさらしものにしなければならぬのはきまりきったことであるが、とくに義統の命を助けて、そのかわり、国を取り上げることになったのである。

一、先年、島津義久とやり合って、義統が迷惑していることを、太閤様がお聞きになったので、御人数をつかわした上に、御自身出馬されたところが、その間も待たないで、その身分にも似ない臆病を構えて、居城へも逃げ入らずに、豊前の国まで逃げ退いた。その時、成敗したく思われたが、日頃のよしみもあることゆえ、不憫に思って憐みをかけられ、御成敗をおとどまりになったのである。

一、いったい、城をこしらえることは、弱味のある場合にこれを持ちこたえるためのものであるが、義統が自分の居城にさえ逃げ込まずに崩れ退いたということは、前代未聞の振る舞いである。けれども、その罪を赦して、豊後一国はいうに及ばず、日向の国まで与えるということを仰せられたところが、豊後一国でさえ保ち難いのに、日向の国まで支えて行くことはむずかしいと申し出たので、やむを得ず豊後一国だけ与えたのである。そのような怪しからぬことが数々あるにもかかわらず、それも気にしないで、義統を引き立て、位を公家にまでのぼらせ、豊臣御一家の中に加えられたのであるから、あり難く思って、その身はいうに及ばず、一類下々の者まで必ずお役にたつであろうとお思いになっていたところが、今度大友の家名を辱めるのはもちろん、豊臣御一家にまで臆病疵をつけたことは、実に残念至極であり、御心のうちは、なんともいいようのないほどである。

一、このようなわけであるから、義統自身は、四、五人の家来を連れて毛利輝元の所にお預けとする。

一、義統の子息は懲らしめのために同様な罰を与えたいが、こちらにいることでもあり、利発者でもあるから、五百人扶持をやって、加藤清正の家来とする。息子にやる堪忍分の知行のことについては、改めて知らせる。

この数箇条の事は、豊後の臆病者にお前たちから申し聞かすべきである。

お前たちとは、すなわち、朝鮮在陣の諸将に対していったのである。義統が小西行長の苦戦を助勢せずに退却したことは、はなはだあきれかえったことで、こんな醜態は日本国内でも未だかつて聞いたこともないのに、今度のことは、とくに大明国に関したことであるから、日本武士道の名にかけて、懲らしめのために、義統自身はいうに及ばず、その親族もろともに処罰し、さらしものにするのが当然であるにもかかわらず、義統の命を助け、国を取り上げることになった。このような振舞いをして、豊臣家にまで臆病疵をつけたことははなはだ残念至極である、とのべ、処罰の条件として、義統を毛利家に預け、豊後一国の知行を取り上げたのである。

以上の事は、豊後の臆病者へ、諸将への見懲《みご》らしのために申しつける、というのであるが、この朱印状の文句も、佐々成政を罰した文句と同様に、文外に一種独得な味わいがあり、それが、いかにも秀吉らしく、秀吉の偉大な人格に向きあっている感がある。これによっても、秀吉がいかに日本武士道を重んじ、これを国外に宣明しようとしたかがわかり、その心意気の尋常でなかったことが知られるのである。

この義統と前後して、島津又太郎や波多三河守が、その陣営を撤して退却した。島津又太郎は薩摩の国の太守島津義久の弟兵庫頭義弘の寄騎であり、波多三河守は鍋島直茂の臣で、九州役以来とくに優遇されていたが、この平壌の戦に大友義統とともに臆病を構え、日本武士道の名をはずかしめたので、やはり厳に処罰せられたのである。この処罰の朱印状はだいたいにおいて義統に与えたものと同様であるから、ここには省略しておこう。

秀吉が、その家族や家臣に与えた訓戒状は、その事件に即し、実際の場面にのぞんだ生々しいにおいのするものばかりである。とくに家訓と名づけるほどのものもほかにはないが、これによって、実際どのようにして家族を戒め、家臣を罰したかがわかる。日頃の訓戒を犯した者については、それがたとい肉親の者であろうが、譜代の家来であろうが、外様《とざま》大名であろうが、いささかの私心を交えず、厳格にこれを処罰し、あえて悔いるところがなかった。

しかし、彼が人を処罰したのは、よくよくの場合であった、ということを考えねばならぬ。処罰に至るまでの経路をこまごまと説明し、できる限りその罪を赦そうとした心の中が偲ばれ、その性格の温かさが身近く感ぜられる。このような時代には、一言の断わりもなく、人びとが処罰されても仕方がなかったのであろう。しかし、秀吉は、一々処罰の理由を公明正大に示し、人の長たる者の範を実際にたれている。その点さすがは太閤様とあがめられるほどの大人物であったと、つらつら感心させられるのである。

北政所に与えた消息

秀吉の教訓状には、彼の正妻の北政所《きたのまんどころ》に与えて、その不心得をさとしたものがある。この教訓状の原本は秀吉の自筆になるものであるが、その原本が今に伝わらず、写しだけが伝わっている。夫人に与えたものだけあって、信長の剝げ鼠の朱印状と同様に、ちょっと、風変わりな面白いものである。

はやばや、見事な能の小袖を、いろいろの紋柄の気に入るようなものを取りあわせて頂戴した。皆の者どもに見せたところが、一段と褒めていた。すっかり気に入ってしまって、満足である。金吾が二十二日にこの名護屋へ着いたが、引きつれた軍勢も多く、そのいでたちが立派であるということで、ことさらに褒めてやった。今度、金吾が大坂へ暇乞いに寄ったところが、そなたの機嫌が悪くて、金吾が出陣するについて、大坂へ注文した道具が少しも整わなかったということを耳にした。

これは、どうしたことであるか。そなたが金吾を可愛がらなかったならば、いったい、誰が可愛がるだろうか。これから後は、金吾を一層いとしがって、この太閤の片身とも思って、どんな用事も聞き届けてやらねばならぬ。そなたは、別段、子どもを持っているというわけではないのだから、金吾だけが肉親と思って、大事にしてほしい。世間体もあることだから、何分にもその心がけが肝要である。金吾に対し、そなたがあまりにも愛想がないということを、こちらで聞いて、あまり気の毒に思ったので、そなたからの手紙ということにして、公用百貫文・白銀百枚・道服・扇一本・掛袋二つ・白丁二つつかわしたのである。くれぐれも、これからのちは、金吾を、この太閤様同然にいとしがってやってほしい。いよいよ、金吾の心がけも立派なようであったならば、太閤の隠居分の知行をやろうと思っているくらいであるから、少しも物惜しみをしてはならぬ。

消息の内容の口訳は、だいたい、こんなものである。差し出しは、「大かう」とあり、宛名は「ねもし」とある。「ねもし」というのは、北政所の呼名の「ね」に対する敬称であって、つまり、「ねもじ」と読むべきである。

北政所は、尾張の国の郷士杉原助左衛門尉定利の娘で、浅野家の養女となったが、秀吉が木下藤吉郎と呼ばれた若い頃これに嫁ぎ、いわゆる糟糠の妻として、内助の功があったばかりでなく、奥向きの事を総監し、賢夫人の誉れが高かった。天正十三年、秀吉が関白に任ずると同時に、北政所と呼ばれた。秀吉の歿後は、高台院と号し、京都の三本木に隠棲して、ひたすら、秀吉の菩提を弔ったが寛永元年九月六日、七十六歳の高齢をもって歿したのである。

この秀吉の消息の中に、金吾とあるのは、北政所の甥の羽柴秀俊のことである。秀俊は、幼少より北政所のもとにあって成育し、やや長じて、左衛門督に任ぜられ、中納言に進み、金吾中納言と呼ばれた。金吾というのは、すなわち、左衛門督の唐名である。この金吾秀俊は、のちに、小早川隆景の養子となり、小早川秀俊と称し、後に、秀秋と改め、かの天下分け目の関ケ原合戦の際に、東軍に内応したことをもって知られている。

この秀吉の消息は、秀俊が、名護屋出陣の命令を受けて、丹波の亀山から出て来て、大坂に立ち寄り、叔母の北政所に、首途《かどで》の挨拶をなし、いろいろと出陣の道具を都合して貰おうと思っていたのに対し、北政所が不機嫌で、ぞんざいに扱ったのに対して、秀吉が意見をしたものである。秀吉が朝鮮役のために肥前の国名護屋に在陣していた、文禄二年三月末頃の消息である。

秀吉は正妻北政所との間に子どもがなく、側室淀殿との間に、長男の鶴松をもうけたが、その鶴松は、すでに二年程前に病死してしまった。現在の秀吉としては、関白職を甥の秀次に譲り、秀次を豊臣家の跡取りと定めていたが、実際の愛情は、幼少より正妻北政所の膝下で育った金吾秀俊にそそがれていたらしい。つまり、この頃、金吾は、秀吉の愛児の代用品たる資格を持っていたのである。この消息をよく読むと、金吾秀俊に対する当時の秀吉の気持ちがよくわかるのである。

まず、秀俊の名護屋出陣の有様が立派であったことを褒め、それから秀俊が大坂へ暇乞いに立寄った際の北政所の態度を攻撃している。不機嫌で、必要の道具も整えてやらぬということだが、お前は子がないのだから、金吾を子と思って、もっと可愛がってやらねばいかぬ。金吾の覚悟次第で、この秀吉の隠居分の知行をつかわそうと思っているのだから、余り物惜しみをしてはならぬ、と小言をいっている。数多い秀吉の消息の中でも、ちょっと面白いものであると同時に、秀吉の性格がさながらにあらわれ、その教訓がすべて理屈抜きで、諄々と人情に訴えている点、さすがとうなずかれるものがあるのである。

五大老に与えた訓戒状

秀吉の訓戒状には、いろいろなものがあるが、最後に、彼が、臨終のさいに、豊臣家の五大老《ごたいろう》の徳川家康・前田利家・宇喜多秀家・上杉景勝・毛利輝元に対して、自分なき後の諸事を託したものがある。これは、秀吉が病中にいいのこした言葉を、五大老や女房たちが聞いて、それを書き付けたものであって、十箇条より出来ている。

一、内府（徳川家康）は、永い間、律義にやって来られた。そのようすを、太閤様が御覧なされて、近年になっておねんごろの御つき合いをなされ、秀頼様を孫婿になされているのであるから、特に、秀頼様をお取り立てなされたいとの御意である。これは、大納言（前田利家）などの年寄衆が五人いる所で、太閤様がたびたび仰せになったことである。

一、大納言殿（前田利家）は、幼友だちとして、早くから太閤様に対して、律義の働きをなされたことを御存知であるから、とくに、秀頼様の御守役に付けなされたのである。それ故、今後とも一層、秀頼様をお守りしてほしいと、内府（徳川家康）など年寄衆が五人いる所で、たびたび仰せになったことである。

一、羽柴肥前殿（前田利長）は、大納言様（前田利家）がお年も寄られ、病気勝ちでもあるから、それを助ける意味で、また、秀頼様のお守役につけたのであるから、外聞も実際もかたじけないことだと思って、一所懸命にやるだろうと思って、中納言に任じ、橋立の御壺と、吉光の御脇差を下され、十万石の役料を賜わったのである。

一、備前中納言殿（宇喜多秀家）は、幼少から太閤様がお取り立てなされた人物であるから、秀頼様のことは、とくに、これを御守り申す責任があるわけである。それゆえ、御奉行衆五人の中にも加わり、また、年寄衆五人の中にも入り込んで、何につけても、おだやかに依怙贔屓なしに、一所懸命にやってほしい、と仰せなされたことである。

一、上杉景勝と毛利輝元は、やはり、律義者であるから、同じく力を合わせて、秀頼様をお守りし、引き立ててほしいと、輝元へはじきじき仰せになったが、景勝は国にいることだから、皆々に対して仰せおかれたのである。

一、年寄ども五人の者は、その中で誰なりとも、御法度にそむくようなことをしだしたならば、まず、下げ鞘の恰好でおだやかにやって来て、仲違いしている双方へ意見を加え、仲よくなるように忠告せねばならぬ。もし、不届きな者があって、片方に対して斬りかかるようなことがあったならば、もう一方の者は、追い腹を切るか、太閤様のお刀にかかるか、どちらかの覚悟でおらせるがよい。さもなくば、たとい横面を張られ、草履をなおすような辛いことがあろうとも、秀頼様のことは、太閤様への忠節と思って、大切にせねばならぬ、と仰せになったことである。

一、年寄集が、五人で集まって、御当家の年貢やその他の算用を調べる場合でも、それがすっかりきまったならば、一応、内府（徳川家康）と大納言殿（前田利家）とへそれを御目にかけ、受け取りを取って、将来、秀頼様が御成人なさって、御算用のことを細かにおたずねになった際に、その御両人の受け取りを御目にかけてほしい、と仰せなされたことである。

一、どんな事でも、内府と大納言殿の承諾を得、その上で決定せよと、仰せになった。

一、伏見には、内府（徳川家康）が御座なされて、いろいろな政務に尽力して頂きたい、と仰せになった。伏見城の留守居は、徳善院（前田玄以）と長束大蔵（正家）とであるが、内府（徳川家康）が、天守閣まで登りたいといった場合には、いつでも心配なく登らせてやれ、と仰せになったことである。

一、大坂は、秀頼様がいらっしゃる所であるから、そこには、大納言殿（前田利家）が御座なされて、すべてについて尽力して頂きたい、と仰せになった。御城の番は、みんなで勤めてほしい。もし、大納言殿（利家）が、天守閣まで登りたいといわれた場合には、心配なく登らせてやれ、と仰せになったことである。

年寄衆や女房衆が病床をかこんでいたさいに遺言した、その太閤秀吉の言葉どおりを書き記したものである、と断わり書がしてあるだけあって、臨終のさいの細かい気持ちがありありとうかがわれ、実感身に迫るを覚える。

第一条には、秀頼を孫千姫の婿とした家康が、とくに、秀頼を輔佐する義理のあるわけを説いており、第二条には秀吉の幼友だちで秀頼のお守役になった前田利家の地位を重んじている。

それから、第三条には、利家の長男の前田利長、これは、五大老のうちには入っていないが、利家はすでに老年で、しかも、病気勝ちであるから、利家同様に、秀頼のお守役とし、中納言に任じ、橋立の茶壺と吉光の脇差とを与え、役料として、とくに十万石を許した、といって、恩遇の厚きを知らしめている。

第四条には、宇喜多秀家は、幼少の時から引き立てられて、秀吉の養子となったほどであるから、秀頼に関する限りは、無責任ではあり得ない、と記している。

第五条には、上杉景勝と毛利輝元を、同様に律義な人物として、秀頼の出来を守ることを命令している。

次の第六条には、なかなか、面白いことを書いている。五大老は、この中、誰であろうとも、豊臣家の御法度にそむくことをしだしたならば、下げ鞘の恰好でおだやかにやって来て、仲違いをしている双方に意見をし、仲良くなるように尽力するが、もし、不届者があって、片方に対して斬りつけるようなことがあったならば、追い腹を切るか、太閤様の御刀にかかるか、どちらかの覚悟でおらせるがよい。たとえ、面を張られ、草履をなおすような辛いことがあっても、太閤様への忠節と思って、秀頼様のことを大切に思い、尽力せよ、と仰せられた、と記している。この言葉の口調は、まったく太閤一流であって、その面目躍如たるものがあるのである。

第七条には、算用の報告を聞き、家康と利家が受取状を取り、それを保管し、他日、秀頼が成人して、算用方の質問をした場合には、その受取状を見せるようにせよ、などと、細かいことを書いているが、これは、実際問題として、経済的なことがいかに重視されていたかが知られるのである。

第八条には、何事も、家康と利家の許可を得た上でとり決めよ、と記し、第九条には、家康を伏見城に置いて、庶政をつかさどらせ、城の留守居としては、奉行衆の前田玄以と長束正家とを置き、家康が天守閣に登ることを許し、第十条には、大坂を秀頼の居城と定め、前田利家を、その輔佐役として、すべてのことに尽力させ、城番は、みなの者で交替に勤めさせ、利家が天守閣に登ることを許可したのである。

この訓戒状は、蓋世の英雄太閤秀吉が、死を前にして、自家の前途を憂え、世子秀頼の将来を慮《おもんぱか》り、五奉行制度につづいて、五大老の制度を定め、その人選に意を凝らし、ともに心を合わせて秀頼を守護し、掟を守り、算用を正しくし、大坂城には秀頼を置き、前田利家をその輔佐として、伏見城には徳川家康を置いて、執政にあたらせようという、細かな計画を表現したものであって、あくまでも現実性に富み、磊落《らいらく》な半面に、このような実際的な心遣いがあり、現実的な教訓があったかと、驚かされるほどである。

蒲生氏の家訓

蒲生氏郷の教訓状

蒲生氏郷《がもううじさと》の教訓状には、美濃の国の士、伊藤長門守盛景の子半五郎という若武者に宛てて、彼の経験談をのべて、暗にこれを教訓した面白い手紙がある。その内容は、次のようなものである。

馬が御入用とてお手紙を戴いた。確かに拝見致した。そこで、六匹探し求めてお届けする。この中で、鹿毛《かげ》と葦毛《あしげ》の二匹は、拙者が目利きをして差し上げたのである。大切にして頂いたならば、こんな結構なことはない。さてさて、しばらくお会いしないで、見るのと聞くのとは千里の相違があるというが、実際、十ヵ国も離れているので、なんともいいようのないほどお目にかかりたくてならぬ。聞くところによると、貴殿は文学を嗜まれるということであるが、今は、世の中も治まった時であるから、まことに結構なお心がけで、奇特千万に存ずる次第である。

御老父の長門守盛景とは、格別に親しい間柄であったし、また、貴殿とは一方ならぬ奇縁であるから、なんのはばかることもない。思いのままに申し上げたい。拙者は、若年の頃、妙心寺の南化和尚に親しくお仕え申して、儒釈両道の奥秘を承り、また、三条西実枝公や宗養・紹巴などについて、歌の道をきわめ、明け暮れその教えを心にかけていたせいか、ある時、当座の和歌会があったさいに、落花随風という題で、

雪か雲かとばかり見せて山風の色に咲きたつ春の夕暮

という歌を詠んだところが、一座の人びとがいずれも奇特であると感心した。また、茶の湯の道にも心がけて、これも朝夕習ったところが、露地の造りや飛石の据えようが、人びとの手本にしてもよいほど上達したのである。このようなわけで、儒道や歌道や茶の湯にばかり心を入れて日を送っていたところが、弓矢の修業をしている斎藤内蔵之助という者が申すには、役にも立たない事に一所懸命になるより、むしろ、家職に心を入れられよ……と、会うたびごとに意見をしたけれども、若輩のこととて、さほど耳にもとめずに日を過ごしたのである。

ところが信長公が江州観音寺城へ御出馬ということになり、先手《さきて》は伊賀衆、二番は美濃衆で、拙者もその他の番手に加わって打ち向かったところが、例の斎藤内蔵之助が、拙者の備えにただ一騎でやって来て、伊賀衆が今日の先手らしいが、軍のかけ方や足軽の使い方がしどろもどろに見える。城中から敵が人数を出してかかってきたならば、先手は敗れるに相違ない。されば、その方の備えを西の山の麓の竹藪にかくして置いて、もし先手の伊賀衆が崩れたならば、それを追いかける敵の軍勢をやり過ごし、その真只中に割って入ったならば、必ず勝利を得るであろう。そうして無事に引きとったならば、そのまま伊賀衆に向かって、今朝から戦いづきでおくたびれでござろう。われらが入れ替って後をくるめ申そうとことわって殿《しんがり》をやったならばそれこそ高名というものであろう、と教えるので、その教えどおりに、西の山の麓の藪の中に人数を入れて待っていたところが、案のごとく、伊賀衆が敵勢に深入りして、観音寺城の足軽に押したてられ、敗軍となったので、ここぞと横ざまに敵勢の真只中に割り込んだ。敵はさんざんに破られ、これを追い討ちにすること十四町、三十人もの首を討ち取って、信長公の御目にかけたのである。

信長公は若輩であるが神妙の働きなり、と感心なされ、国俊の腰の物を拝領したのである。それからというものは、斎藤内蔵之助が意見をしたとおりに、武士の表芸を習得することにつとめたのである。それで、信長公が明智光秀のために御他界になって、信長公の御本城の安土へ光秀の一族の明智弥平次が攻めこんだので、仕方がないから、信長公のお側仕えの女房衆二十余人を、われらの一族同様にひとまとめにして、われらの本城の日野へ引きとったところが、明智弥平次が三千ばかりの軍勢で追いかけて来たので、拙者も手勢三百ばかりでうち向かい、六、七度かえし合わせたが、別条なく日野へ帰り着いた。

これというのも、拙者の武勇故にあらず、ひとえに主を思う心が深かったから、八幡大菩薩のお助けで、このようなしあわせを得たのである。その後明智光秀が果ててから、拙者は太閤秀吉公の幕下に参じ、伊勢の亀山城や筑紫の岩石城を攻め落とした時、二度ながら一番に城中に攻め入り、太閤の御感に与《あずか》り、伊勢の松ヵ島において十二万石の采地を拝領した。天正年中に小田原北条氏や、出羽奥州まで退治なされ、会津という所は奥羽両国の境目の大切な地であるからといって、会津四郡四十万石を下され、そこに拙者を据え置かれた。そうして、木村伊勢守父子を仙北郡に据え置かれたのである。

ところがその年の冬に一揆が起こって、木村伊勢守父子を攻め殺そうとしているという注進があったので、会津から七日余りの所を、夜昼ぶっ通しで三日間に乗りつけ、三尾の城やその他数箇所へたてこもっている一揆ばらをことごとくなで斬りにし、木村父子を引き取ったのである。そのことがまた秀吉公の御感に入り、会津四郡はいうまでもなく、仙道六郡、米津四郡、伊達信夫両郡、合わせて十六郡、都合百万石を拝領する身となったのである。

さて、その方御父子らも、太閤のお思召があったので、現に美濃の国の大垣の城に据え置かれたのであるが、大垣は勢州・江州・濃州・尾州の四ヵ国へ通り抜ける境目の地であるから、もしも思わぬ天下の大事が出来した時には、太閤様の御眼力にたがわないように、立派な御奉公をなさることが肝心と思う。それには、第一に家中の者どもに情を深くし、知行を十分に与えることが大事である。知行をやるばかりで、情をかけなかったならば、なんにもならない。情がいくら深くとも、知行をやらねば、なんにもならぬのは、もちろんであろうが、結局、知行と情とを車の両輪のごとく、鳥の両翼のごとくにあんばいしなければなるまい。その身が不便であることは、心にかけぬがよい、家中の摺切《すりき》れどもをいたわってほしい。

商人などこそ利銭や利潤を第一に考えるのであるが、侍たる者は利銭や利潤などを心にかけてはならぬ。その年の知行や年貢を、来年の六、七月に払ったならば、その秋は一万石にかさむであろう。侍の本分は、武勇のある者を召し抱え置くにある。武勇の誉れさえあったならば、立身疑いなきものである。侍たる者の心が小さくては、焼いても食えないものであると、斎藤内蔵之助が申し聞かせたことどもでござる。拙者一人の申し言ではない。来春早々上洛するはずであるから、昔のことをお忘れなくば、双枕同席の上、改めて心静かにお話し申し上げよう。一笑一笑。

この手紙は、ひととおりお読みになったら、火にくべて頂きたい。

日付は九月十八日、蒲生飛驒守氏郷と署名し、宛書きには伊藤半五郎様とある。

氏郷は、この手紙の中で、彼の教養について説明して、若年の頃、妙心寺の南化和尚に親しみ儒道や仏道の教えを受け、また、三条西実枝や宗養や里村紹巴などについて歌の道を聞き、また、茶の湯にも心をかけ、朝夕これを習いおぼえ、当座の会には面目をほどこし、露地の作りや飛び石の据えようが人の手本とすべきであるとさえ評判された。

しかし、斎藤内蔵之助という、武功者の意見に従って、武士の表芸である武道の修業にも怠らなかったので、江州観音寺城攻めに、抜群の功労があって、信長の御感を蒙ったのを初めとして、明智光秀の乱にも信長お側仕えの女房衆を守って手柄があり、信長の死後に秀吉に仕えては、伊勢の亀山城、筑前の岩石城攻め、また小田原陣や奥州征伐などにも大功があり、しだいに立身出世して、奥州十六郡を領し、百万石の大名となるに到った。

そういった氏郷自身の経歴を細かに物語り、現在美濃の国の大垣城を守っている半五郎の地位がいかに重要なものであるかを説明し、その方は、太閤様のおめがねでいまやそのような立派な地位についているのだから、天下の一大事が出来した場合には、おめがねどおりめざましい働きをしなければならぬ、とさとしたのである。

それで、最後に、家中を丸く治め治績を上げるための第一要件として、家中の者に情を深くし、知行を十分に与えねばならぬ。知行をやるばかりで、情のかけ方が足らねば、駄目であるし、情ばかりかけて、知行をおろそかにしたのでは、これまた、駄目である。知行と情とを、車の両輪、鳥の両翼のごとく考え、どちらを欠かしてもいけない。自分の不便などはまず辛抱して、家中のはした者をいたわらなくてはならぬ。侍たる者が、商人のように、利銭や利潤にばかり心をかけてはならぬ。武勇のある者を召抱えることが侍の本であり、立身出世疑いなきゆえんである。侍の心が小さくては焼いても食えないとは、かの斎藤内蔵之助がつねづね言い聞かせた言葉であるが、まことにその通りである、と教えている。

蒲生氏郷は、近江の国蒲生郡日野の城主蒲生賢秀の子で、幼名を鶴千代といった。十三歳の時、人質となって信長の許に引き取られたが、信長は、これを一目見て、尋常の子どもでないことを看破し、自分の娘をこれに妻《めあ》わせようとして、そのころ信長の居城であった岐阜にとどめ、その名を忠三郎と改めさせたという。成長するにつれて文武両道に志し、この教訓状にのべているように、当時京都の妙心寺から岐阜の瑞竜寺に来ていた南化和尚に師事して禅を修め、宗養および里村紹巴について和歌および連歌を学び、利休について茶の湯を修めたのである。茶人としての氏郷は、利休七哲の一人として世に知られている。

武将としても、永禄十二年十四歳の時の伊勢の国大河内城攻めの初陣《ういじん》を始めとし賤ケ嶽合戦・小牧役・九州征伐・小田原陣などに従い、いずれも抜群の戦功をあらわした。そうして、飛驒守に任じ、参議従三位に昇った。関東・奥羽平定の後は、会津九十二万石に封ぜられ、奥羽の重鎮となったのである。文禄四年二月病をもって歿している。一説に毒殺せられたと伝えているが、それは誤りで、実際は病死したのである。時に四十歳であった。

この岐阜の城主伊藤半五郎に与えた教訓状は、彼が現在会津の城主であると書いているし、秀吉のことを太閤様と呼んでいるから、少なくとも、文禄元年以後のものであることは確かである。しかし、文禄元年と二年の両年は朝鮮役の最中で、氏郷も肥前の国名護屋の大本営との間を往復し、席の暖まる暇もなかったことと思うから、この教訓状は、九月十八日という日付から考えると、だいたい、文禄三年のものと思われるのである。年すでに三十九歳に達していたが、老巧というにはまだ間があり、むしろこれから大いになすあらんとした年頃であったのであろうが、その親の代からとくにむつまじくしていた若侍伊藤半五郎の将来を思い、自分の今まで踏んで来た道、信じ行なってきたところを本として、これに現実的な教訓を与え、武士の踏むべき道、つねに心がけるべき点を、ねんごろに教えさとしたのである。

これによって、当時の武士が、表芸である武道のほかに、学問や芸道などを身につけ、いわゆる文武両道の嗜みを怠らなかったことがわかると同時に、その日頃の嗜みというのも、一朝事ある際に主君の御馬前において天晴れな働きをするためのものであったことがわかるのである。ことに、一国を治める根本が一家を治めるにあることを心づき、その一家を治めるには、深き情と厚き知行によらねばならぬということを、力説している。

これは、きわめて平凡な、しかも簡単な言葉であるが、実際の場合には、この平凡な、簡単なことは、ともすれば行なわれない。したがって、ただこの二つを車の両輪とも鳥の両翼とも考えて、実行することに力をそそいだ有様が、よく想像されるのである。後の世に見られる教訓状のように、いろいろな徳目を羅列しているわけでないから、一見その内容が貧弱なようであるが決してそうではない。実行もできない事柄を美しくさまざまに並べたてる余裕がなかったのである。ただ、家中の摺り切れに情を深くかけるという一つの事を実行さえすれば、それがもとで家中がうまく治まり、それが一国の政治を円満に行なうもととなることに、気がついていたのである。

蒲生源左衛門の家訓

蒲生源左衛門《げんざえもん》は、その名を郷成《さとなり》といい、蒲生勝則の子である。すなわち、氏郷の一族である。幼少の時、父の勝則とともに、織田信長の重臣柴田勝家の許にあり、童名を坂小判と称した。たいへんな悪戯者であったので、ついに、勝家の許を追い出されて、蒲生氏郷の家にやって来た。その気質は勇猛果敢で、戦場にのぞんでは、つねに先駈けの功名を立てることが多かったので、天正十八年に氏郷が会津に封ぜられた時、源左衛門は、三春の城で五万石の知行を宛てがわれ、蒲生家の重臣となったのである。源左衛門という称号は、太閤秀吉から頂いたということである。

源左衛門の家訓としては、子孫に与えた書置きと称するものが五箇条伝わり、「蒲生家系図由緒書」という記録に載っている。

一、武の家に生まれたからには、弓馬・槍・兵法をもって、朝暮の掟と心得られたい。が、それをただ上手にやることばかりを考えるのは、無用なことである。

一、当世の武士は、ことのほかにおごりをきわめ、自分の本職をないがしろにしている。武具や馬具についての心づかいもなく、それによる軍の得失などを心にかけず、うわべの都合のよいことばかりを好み、ことに、近年になっては茶の湯といって、用もないことにやたらに金銀を費やしているが、まずそんなことを慎んだがよろしい。

一、主人に対して忠、親に対して孝の心がけを、ふだんから忘れてはならぬ。自分の召使人にあわれみを加えることが肝心である。主人となり、家来となるのも、みな、これ天道の致すところである。

一、親類の者が落ちぶれた場合には、わが知行の十分の一をもって養うべきである。

一、わが身の分限をよく知り、それに従って、それぞれ身を保って行くことが大切である。

この五箇条を、わが子孫たるものは、必ず守ってほしい。

源左衛門の家訓は、こんな簡単なものであるが、この短い文章の中に、質樸剛健をもって任じた戦国武人の面影が髣髴《ほうふつ》としている。武士の家に生まれて、武芸に励み、それを日常の掟と心得るのは、肝要なことである。小手先器用の武術を得意とするのは、無用なことである、といって、武芸に精進する本来の目的が主君のお役に立つことを明らかにしている。それから、いわゆる戦場生き残りの古強者《ふるつわもの》である彼は、世もようやく平和におもむこうとしている頃の武士がおごりにふけり、武具などについても、戦場の役に立たなくとも、外聞さえ美しければ、それでよい、というような好み方をしたり、また、役にも立たないことにやたらに金銀を費やす茶の湯と称する遊戯をするのを慎んだがよい、と説いている。

元来、茶の湯の本義は金銀を費やすようなぜいたくなものではないが、大名の茶の湯は、その富貴にまかせて、ついに本義を忘れ、邪道に踏み入りがちである。その現状を憂えた彼は、そのようなぜいたくに走った茶の湯なら、むしろやめるにしかず、と喝破したわけである。

それから、忠孝の二字を忘れないのはもちろん、召使いの者に憐みを加えてやらねばならぬ、と説いているが、これは、江戸時代の教訓状に見られるような、儒教の徳目によって理論的に説いたものではなく、主人となり、家来となるのも、皆、天道の致すところであり、という天道思想、即ち仏教思想を基としたものであって、仏に仕える慈悲の心をもって召使いの者を不愍《ふびん》がり、感謝感応の精神に生きんとしていたありさまをさながらに物語るものであろう。親類の者が落ちぶれた時には、自分の知行の十分の一を出して養うというのも、やはり、この慈悲の心から発した教えにほかならない。身の分限をよく知り、分に応じて身を保っていけ、というのも、やはり、感謝感応の精神から発した生き方を示したものであろう。

源左衛門の家訓は簡単なものであるが、戦国末期の上流武士の生活に対する信念を標榜したものとして、とくに注意に値するものといわねばならぬ。けだし、武将氏郷の重臣源左衛門にして初めてこの家訓あり、といい得るのであろう。

黒田如水の教訓

黒田《くろだ》如水《じょすい》は、播磨の国の守護赤松氏の下役人の家に生まれ、同国姫路の城主として有名である。父親の職隆の時代から織田信長に属していた。天正五年に秀吉が中国経略の大任を帯びて播磨に出陣した時、よくこれを助け、同国佐用・上月の城々を攻めて、功労があった。それからというものは、いつも秀吉の懐《ふところがたな》刀として活躍したのである。通称を官兵衛といい、のち勘解由と称し、入道して如水と号した。初め小寺氏と称し、のち黒田氏に改めた。慶長九年三月二十日、伏見の屋敷において病死したのである。時に四十九歳であった。

如水が蓋世の英雄である秀吉の懐刀として活躍したのは、彼に人を率いてゆくだけの器量が備わっていたからである。いまなお黒田家に伝わっている覚帳に「家中間善悪之帳」というものがある。これは横綴の帳面で、家来の間の仲の悪い者と良い者とを区別して、自筆でその姓名を書きつらねたものである。それを見ると、初めに「覚」とあって、仲の悪い衆として、いろいろな家来の名前をあげているが、まず、高橋伊豆に対して、仲の悪い人びととして竹森石見の他、三人の名前をつらねている。それから、村田出羽に対して仲の悪い者には、三好助兵衛他二名をあげ、松山為兵衛と仲の悪い者として吉田壱岐他三名を数え、大島又右衛門と仲の悪い者として小林新兵衛、毛利左近にとって仲の悪い者には旧井宇右衛門を書いている。

次に、仲の良い衆とことわって、まず、松山為兵衛に対して仲の良い者として伊藤宇兵衛他八名を数え、井上周防と仲の良い者には堀半右衛門他八名を列記し、野村勘右衛門に対して仲の良い者には毛屋主水他二名を数え、黒田美作と仲の良い者には毛利左近他九人の名をつらね、久野外記に対して仲の良い者として、宮崎藤右衛門の他四名をあげている。小堀久左衛門と仲の良い者は毛利又左衛門他四名、毛利又兵衛に対して仲の良い者には真鍋次大夫他四名、毛利左近と仲の良い者は栗山大膳、栗山備後と仲のよい者は寺田義兵衛他五人、馬廻衆としてお互いに仲のよい同士は川村少五郎・築十兵衛・寺田義兵衛・松原助右衛門・伊藤二郎兵衛・奥村金左衛門の六名を書きつらね、村田出羽に対して仲のよい者としては小河久大夫他六名、山本兵右衛門と仲のよい人びととしては大塚久左衛門他三名を数えている。

この覚帳を見ると、彼は平素からよく家来たちの人柄や性格などをくわしく調べ、誰と誰とが仲が悪いか、もしくは仲良しであるかなどということを明細に書き記し、それを覚えとして、実際の場合にのぞんで和合ということを考え、一糸乱れず、手足のように自在に、これを駆使したのである。彼は、つねに主従の間、または家臣相互の間の和合ということに深く心を用い、その子の長政や家老どもに対して、次のように訓戒を与えたことがある。

すべて、人には相口と不相口ということがある。主人が家来を使う場合には、ことにありがちなことである。多くの家来の中にも、主人の気に応ずる者と応じない者とがある。応ずる者を相口というのである。この者が、もし善人であったならば、国の重宝となるが、悪人であったとすれば、国家の妨げとなるのであるから、たいへんな違いである。家来たちの中に、たとえ自分と相口の者があって、それを傍ら近く召し使い、軽い用事を勤めさせることがあっても、その者に心を奪われてはならぬ。

しかし、相口である場合には、ともすれば悪いことを見のがすこともあるだろうから、よく注意して、そうした点を発見し、自分に対して諫言もさせるとともに、また、その者がいい気になって行儀の悪かった時には、傍らに呼びつけて意見をすべきである。それでも聞かない時には、この如水にいいつけよ。よく詮議した上で罪科に処するであろう。自分一人の注意では、多くの家来たちに届くまいから、見のがすことも多いだろう。そのようなことがあったなら、遠慮なく早く知らせてほしい。改めるであろう。また、お前たち家来の間にも、相口と不相口によって、仕置をする上に過ちができることがあろう。相口の者に対しては、贔屓の心づけをし、悪いことも善く思い、あるいは賄《まいな》いに心が迷って、悪いと知りながら、自然とそれに親しむようになるものである。不相口の者に対しては、善人をも悪人と思い、道理をも無理のように思い誤ることがある。相口と不相口とでは、仕置の上にもこのような私曲ができてくるものであるから、みな、よく注意せねばならぬ。

また、彼は、その子の長政が一国一城の主となった時に、これを筑前の国福岡城内の三の丸に招いて、国を治める上の心得を説いたことがある。それは、次のようなものである。

すべて国を治めていくには、尋常の人と同じ心がけでは駄目である。まず、政道に私なく、その上、わが身の行儀作法を乱さず、万民の手本とならねばならない。平素好むところでも、よくこれを選び慎むことが大切である。主人の好むところは、家来や百姓町人も、自然とその真似をするものであるから、とくに注意せねばならぬ。文武は車の両輪のごとく、その一つが欠けてもだめである、と昔の人もいっている。治世に文を用い、乱世に武を用いるのは、当然のことであるが、治世に武を忘れず、乱世に文を捨てないのが、最も肝要である。

たとえ世の中が治まったとしても、大将たる者が武を忘れたならば、軍法がすたり、家中の侍たちも自然と心が柔弱となり、武道の嗜みなく、武芸も怠り、武具も不足し、塵に埋もれ、弓槍の柄は虫の住みかとなり、鉄砲は錆び腐って、俄かの用に立たない。軍法も定まっていないから、もし兵乱が起こった場合には、どうしたならばよかろうと、驚き騒ぎ、喉がかわいてから井戸を掘るようなことになろう。武将の家に生まれたからには、しばらくも武の道を忘れてはならぬ。

また、乱世に文を捨てる人は、軍の道理をさとらぬから、制法が定まらず、国家の仕置に私曲が多く、家人や国民を愛する術がないから、人の恨みが多い。血気の勇だけで、仁義の道がないから、士卒に敬慕の念が欠け、忠義の志が薄くなるから、たといいったん軍に勝つことがあっても、後には必ず亡びるものである。大将が文道を好むというのは、必ずしも書物を多く読み、詩を作り、故事を覚え、文字を嗜むことではない。誠の道を求め、何事につけても吟味工夫を怠らず、筋目をたがえず善悪をただし、賞罰を明らかにして、心に憐みの深いのをいう。
また、大将が武道を好むということは、ただやたらに武芸を好み、心のいかついことを意味するのではない。軍の道を知って、つねに乱を鎮めるための智略を行ない、武勇の道に志して、油断なく士卒を訓練し、手柄のある者に恩賞を施して剛臆をただし、無事の時に合戦を忘れないのをいう。武芸に凝って、ひとり働くことを好むのは、匹夫の勇といって、小心者の嗜みであり、大将の武道ではない。また、鎗・太刀・弓馬の諸芸を自から行なうのを、匹夫の仕事であるとして、自分で一度も行なわなかったならば、家来たちの武芸も進歩することがないであろう。ただ、武道の大本を心得て、大将自身も武芸を学び、また文字も自から学んで、侍たちにそれを奨励すべきである。昔から、文武の道を失っては国家も治めがたい、といっている。よくよく心得ねばならぬ。

また、彼は、主従の道義に関して長政を戒めたことがある。

大将たる者は威厳というものがなくては、万人を押さえて行くことはできぬ。しかし、わざとわが身に威厳をこしらえて下々の者を押さえつけようとすれば、かえって大害がある。それは、ただ人びとに恐れられるような振る舞いをするのを威厳と心得、家老に会っても、いたけだかに、なんでもないことに目をいからし、言葉も押しつけるようにいいまぎらし、わがままを振る舞えば、家老も諫言《かんげん》などいわず、自然と身をひくようになるものである。家老でさえこんな有様であるから、まして、侍以下に到っては、おじ恐れるばかりで、忠義の志を起こす者もなく、身構えばかりして、まめまめしく奉公を勤めることもない。このように高慢で、人をないがしろにするから、臣下万民も主人をうとみ、その結果、必ず家を失い、国も亡びるものであるから、よくよく心得ねばならぬ。真の威厳というのは、まず、その身の行儀を正しくし、理非賞罰を明らかにすべきである。そうすれば、強いて人を叱りおどさなくとも、臣下万民敬い恐れて、上を侮《あなど》り法を軽んずる者もなく、自然と威厳が備わるものである。

彼は、ひとり長男の長政に対してだけでなく、永くその子孫に対して教訓をたれ、幼児をいかに教育したらよいかについても意見をのべている。

子どもの守をさせる侍は、その人柄をよく選ばねばならぬ。お守役は幼児から子どもにかしずき、日夜付き添い、いろいろなことを教えるのであるから、その子どもの平生の行ないは、自然とお守役に似てくるものである。それだから、お守役を定めるには、幾重にも吟味して、とくとその心底を見定め、心が正直で偽りなく、放逸ならず、一筋に忠義の志ある者を選ばねばならぬ。ただ、その子どもの生まれつきに従って、お守役に選ぶ侍の気質に差別ができるはずである。それで、お守役にする侍に対しては、まず主人がそれをねんごろにもてなし、位のつくようにしてやらねばならぬ。それでなければ、その子どもがお守役を安っぽくあしらって、それを侮る心が出てきて、ついにはお守役をないがしろにして、その諫言を聞き入れず、したがって、行跡も改まらないことになるから、大事な問題である。

概して、大名の子どもは生まれたときから、平素安楽に育ち、難儀をしたことがないから、下々の者の苦労を知らない。それだから、人の使いようが荒く、下々の困っていることを悟らず、上一人のために万民を悩ますことが多い。初め小身者で、次第に立身出世し、大身者になる場合でさえ、無道であれば、その時々の勢いにまかせて、小身時代の難儀や不自由を忘れ、先々困窮することを考えないのである。まして、大名の子に生まれては、たといその心が賢くとも、下々の苦しみや難儀をまだ知らないわけであるから、よくよく深い心がけがなくては、諸士万民に到るまで、疲れ苦しみ、難儀に及ぶものである。深く考うべきことである。

如水の教訓は、家を定め国を治める、といった点に重きをおいたものが多く、上下和合の徳を説くために、さまざまな具体的な例を引き、懇切をつくしている。

このような細かい訓戒を受けたその子の長政は、よく父如水の教えを守り、毎月一回福岡城の本丸に群臣を集めて会議を開き、政治の善悪や君臣の落ち度などを遠慮会釈なく批評、論議させたのである。この会を意見会といい、会場の床の間には禅月大師が描いた釈迦の像の掛物をかけるならわしであった。それで、後にこの会のことを、釈迦の間の会議と号し、それが明治四年の廃藩置県の時まで継続されたということである。

加藤清正の家訓

加藤清正《かとうきよまさ》は、尾張の人である。祖父を清信といい、美濃の斎藤氏に仕えた。父は、弾正右衛門清忠という。清正は、永禄五年に生まれ、幼名を虎といった。三歳の時、父清忠は没し、母の手一つで育てられ、近江の国長浜に到って豊臣秀吉に仕え、十五歳の時に元服し、虎介清正と名のった。

兵法を塚原小才次に学び、戦場に出ては小物見の役をつとめ、天正八年に初めて播磨の国の内で百二十石を給せられた。同九年六月の因幡の国鳥取城攻めを初めとし、同十年四月の備中の国冠山城攻め、同年六月の山崎合戦、同十一年四月の賤ケ嶽の戦などに戦功をたて、のちに賤ケ嶽七本槍の一人に数えられた。同十四年、主計頭に任ぜられたが、九州征伐ののち肥後の国に一揆が起こり、国主の佐々成政が罪を負うて自刃すると、同十六年六月、小西行長とともに、それにかわって肥後半国二十万石を領することになり、隈本城に居した。

文禄元年、朝鮮役が起こると、小西行長とともに軍の先鋒として彼の地に渡り、咸鏡道に進み、兀良哈《オランカイ》を討ち、主としてその方面の経略にあたった。ことに、朝鮮の二王子を会寧に捕えて、よくこれを保護した功績は、大であった。慶長二年の朝鮮出兵には、浅野幸長を援けて蔚山に籠城し、堅忍不抜、その武名を永く大陸に揚げたのである。同五年関ケ原の乱には、肥後の国にあって国内の騒動を鎮め、ついで徳川家康から肥後一国を与えられて、従五位上侍従兼肥後守に叙任したが、秀吉の旧恩を懐《おも》い、その世嗣秀頼をたすけて豊臣氏の安泰をはかった。同十六年六月二十四日、五十歳をもって病歿したのである。

清正は、文学や芸道にも明るく、つねに論語を耽読し、また、日蓮宗の信仰家として有名である。元来放胆な一面にきわめて細心な武将であったことは、かの賤ケ嶽の合戦に、美濃の国大垣から近江の国の賤ケ嶽の麓まで十五里に近い道程を総大将の秀吉につづいて一騎駈けした際に、馬が疲れて動かず、進退きわまったが、重い具足をぬいで、具足と槍とを、召し連れた六人の槍持ちに持たせ、このたびこそ天下分け目の軍《いくさ》である、われにおくれずつづかば、ひとかどの褒美を取らすべし、といって、槍持ちと一緒に駈けて秀吉の後をつけた、という逸話によっても知られよう。

彼の書状の今にのこるものは相当に多いが、いずれも長文のものであって、相手に対して細かい注意を与えたり、周密な計画を示したものがかなりにある。たとえば、家来の下川又左衛門などに与えて隈本城普請の指図をしたものがあるが、細かなことに対して一々実に念入りに注意を与えている。また、肥後領内の年貢徴収の指図をしたものがあるが、読むほうでむしろ閉口するほど念入りに書いてある。これで見ると、清正という大将は、世間一般に想像されているような、たんなる大ざっぱな豪傑ではなく、一面にきわめて神経の細かい、実際的な人物であった、と考えられるのである。

清正の家訓としては、「大身小身によらず侍共可覚悟条々」と題する七箇条の教訓状が伝えられている。

一、奉公の道に油断してはならぬ。朝は辰刻に起きて兵法を使い、飯を食い、弓を射、鉄砲を撃ち、馬に乗るがよい。武士の嗜みのよいものには、特に加増をつかわすであろう。

一、奉公の余暇の慰めには、鷹野・鹿狩・相撲などをやって遊ぶがよい。

一、衣類は木綿・紬《つむぎ》などを用いよ。衣類に金銀を費やすのは怪しからぬことである。平素から身分相応に武具を嗜み、人を扶持し、軍用の時には、金銀を惜しみなくつかわすがよい。

一、平生の友だちづきあいは一人くらいにしておくがよい。客に出す食事は玄飯がよい。ただし、武芸を催す場合には、多人数集まってやるがよい。

一、軍の礼法として侍が心得ねばならぬのは、いらないところに儀礼を好んではならぬことである。

一、乱舞は一切停止する。太刀や刀をとれば人を斬ろうという心が起こるのが、武士として当り前のことであるから、武芸のほかにやたらに刀を抜いて乱舞するような奴ばらに対しては、切腹を申しつける。

一、学問に精を入れよ。兵法の書物を読み、忠孝の心がけを持つことが肝要である。詩や連歌や和歌などをみだりに作ったり読んだりしてはならぬ。心の中に華奢で風流な手弱いことばかりをかけていたならば、いかにも女のようになよなよしくなってしまうものだ。武士の家に生まれたからには、太刀や刀をとって死ぬことこそ本当の道である。平生武士道の心がけを練っていなかったならば、いざという場合に潔く死ぬことはできにくいものだ。よくよく心を武にきざむことが肝要である。右の条々を、昼夜ともに守ってほしい。もし、これらの事をつとめるのがむずかしいと思う者があったならば、暇を取って、そのことを申し出よ。早速それを吟味し、男のなすべき道を果たせないような者には、しるしをつけて追放する。ゆめゆめ疑ってはならぬ。

終わりに「加藤主計頭清正在判」とあり、宛書きは「侍中」とある。つまり、清正が家中の侍たちに示した七箇条の訓戒というもので、これは、清正一代の伝記として世に知られている「清正記」の巻末に載せられている。わずか七箇条の教訓であるが、侍の平素の心がけを具体的に指示し、生活の一々に対して懇切な指導を与えている。衣類を質素にしたり、身分不相応のことをやめ、軍用金を蓄え、武芸の寄合の外は多人数のつきあいを遠慮し、みだりに乱舞にふけったり、文芸に深入りし、女のように堕弱に流れるのを戒めている。あくまでも武道を中心とし、侍たるものの本分を忘れてはならないという一点に力を入れている。

ただし、学問には精を入れ、忠孝の心がけを旨とせよ、とさとしている。武道の本義が忠孝一本にあり、その理を悟るためには、やはり、学問に精を入れねばならぬと説いているのは、この七箇条の家訓の主眼としているところであり、この家訓を味わう場合には、とくにこの点に注意したいと思う。

なお、清正の訓戒状としては、文禄二年六月十一日、すなわち、朝鮮慶尚西道の晋州城攻撃の最中に、家臣に訓戒したものがある。

一、こんど晋州城へ働いた際に、武辺道を欠いたことは、いまさらここに書きつけるにも及ばないが、城を攻める場合に、仕寄り場の普請などを、昼となく夜となく勤番して、油断があってはならぬ。

一、このたびの武辺においても、仕寄り普請の勤番などにも、衆にすぐれた者があったならば、五石、三石扶持の侍は、五百石、三百石の身代に取り立てよ。その上の侍は身上によってさらにひとかどの身代に取りたてよ。

一、今まで人に詰め腹を切らせたことはないが、こんど不所存者があったならば、八幡大菩薩、神かけて詰め腹も切らせようぞ。

一、こんど、上下ともに勤番や普請の際に、身をたち働かし手足をよごすことをしかねる者があったとしたら、臆病者と認め、成敗も加えようぞ。

一、手柄の働きをつかまつる者は、組頭や組中の者でそれをよく穿鑿《せんさく》し、依怙《えこ》贔屓《ひいき》なくそれに捨て紙でしるしを付け、下々まで精を出して働くように申しつけたい。

一、組内の者に武者をさせたならば、自分で槍を突くのより、むしろ手柄と思うがよい。

一、鉄砲頭は、日頃申しつけたように、鉄砲を役に立て、その次は、槍、太刀、刀の衆へ渡し、その後の事を注意し、後詰《ごづ》めをすることが肝要である。一人一人の働きは、武者の中にははいらぬ。

一、何方に陣を取っても、清正に知らせずに、乱暴狼藉に下人をつかわすような者があったならば、その主人の責任として成敗を加える。この旨、下々人足以下の者にまでよくいい聞かせよ。これからは、いかほど武辺をつかまつっても、法度が悪かったならば、何事も不用になるものぞ。

いずれにしても、他所への陣見舞いは夜昼に限らず厳禁するから、一切やってはならぬ。自然と文の取り交わしは苦しゅうない。もし捜した時に居合わさなかったならば、当座は過怠とするが、それ以後はいかなる罰に処するか、わかったものではないぞよ。

一、下々は、馬を取りはなしてはならぬ。もし隣の陣取りにどんなことがあっても、ただ油断なく、下知を待つがよい。

一、小屋の火の用心は、並びの小屋番の組中として申し合わせよ。

この十箇条であるが、覚書の形式になっていて、清正と署名し花押もある。これは、清正が晋州城を攻めた際に、家来の中に臆病者があって、武辺道に欠ける振る舞いがあった。それを叱って、城攻めのための普請や勤番や火の用心などに精を出させ、手柄や働きのある者を見出して抜擢することに力《つと》めよ、と教え、法度を守らぬ不所在者や臆病者に対しては成敗も加える、と戒めたのである。

これは、実戦に即した訓戒状であって、前の掟書とは自然趣を異にしている。武辺道とは、すなわち武士道のことであって、この頃はまだ武士道とはいわなかった。侍道とか武辺道とか武道とか称したのである。

徳川家康の教訓

徳川家康《とくがわいえやす》の遺訓として伝えられているものには「人の一生は重き荷を引きて坂道を登るがごとし」という格言があり、有名なものであるが、そのとおりのことを家康がいったわけでもない。これは後の人が家康の一生を懐古し、人生というものに対する家康の気持ちを推量して創作したものであるから、そのつもりで受け取らなければならぬ。

このほかにも、家康の遺訓と称するものはいろいろあり、中には相当形の整ったものもあるが、いずれも後世の偽作であって、それをそのままここに紹介するわけにはいかないのである。しかし、重い荷車の格言は、偽作としても、なかなかうまくできているといってよかろう。家康の一生は、この格言どおり、実に幾多の艱難辛苦に堪えしのんだ忍従の行路であった。

家康の祖父を松平清康といった。清康は、祖父の業をうけて三河の国において相当の勢力を持っていたが、家康が生まれた時には、もはやこの世に亡かった。家康の父を広忠という。清康が歿した時、広忠はまだ年が若く、譜代の家臣である三河武士に守られていたが、天文十八年、二十四歳の若さで人手にかかって果てたのである。その時家康は、わずか八歳の幼児であった。駿河の今川義元の勢力に抑えつけられ、三河の松平家の領地は義元の代官によって支配せられ、家康は人質として遠く駿河の国に押し込められるといった、心細い状態であった。彼の忍従生活の第一歩は、すでにこの人質時代に始まったと見てよいのである。

成長するに及んで、義元の命令により尾張の大高城に兵糧を入れたり、丸根城を攻めたり、老巧の強者《つわもの》といえども二の足を踏むような軍場《いくさば》にさし向けられたが、そうした難関も見事に切り抜けたのである。永禄三年五月に桶狭間の合戦があり、今川義元が討死すると、ようやく三河の国岡崎の居城にもどり、譜代の家臣に迎えられて、いよいよ一本立ちができるようになった。それから、三河の国を平定するために今川氏の勢力を駆逐したり、一向宗の乱を平げたりなどして、ようやくその実績をあげたのは同七年のことであった。

三河一国を統一すると、今度は遠江と駿河の経略を行ない、義元の子今川氏真を追い払い、これに代って遠江を治めたが、間もなく三河方面で甲斐の武田信玄と衝突した。そこで、尾張の織田信長と結んで協力してこの強敵にあたり、また一方に信玄を助けていた相模の北条氏康とも戦いを交え、また信長を援けて近江にも出兵したが、信玄が病死した後で武田家の勢力が衰えると、信長と協力して信玄の子の勝頼を攻め、ついにこれを滅ぼしたのである。けれども、こうした永年の労苦も、天下の大勢から眺めると、要するに、永禄十一年将軍足利義昭を奉じて上洛して以来、着々として畿内統一の仕事を進めていた信長のための、縁の下の力持ちといってよかった。

そうして、この縁の下の力持ちをするためには、私的生活にもまた大きな犠牲を払わねばならなかった。すなわち、その正室の築山殿ばかりか、その腹に生まれた長男岡崎三郎信康までを、武田氏に内通したという理由で罪せねばならなくなり、ついにこれを誅したのであった。しかも、得るところとしては、武田家滅亡ののち、恩賞の名義で三河一国を信長から与えられたにすぎなかった。

天正十年六月二日に本能寺の変が起こって、信長が急死した後では、その門地からしても、実力からしても、当然これにかわるべきであったが、敏捷な秀吉のために先鞭をつけられ、ついにまたその機会を失ったのである。しかし、家康はこれにも失望せず、ひたすら着実な方法で甲斐の国から信濃の国へと手を伸ばし、自分の地盤を固めたのであった。それから同十二年の小牧役となり、年来の実力をふるって、さすがの秀吉を悩ましたが、天下の形勢を看破した結果、再び我を殺して秀吉に屈従し、その片腕となるに甘んじたのである。

　秀吉の晩年には、家康もかなり老齢に達し、その声望も秀吉にゆずらぬものがあったがなおよく海内の大勢を観察し、ひたすら忍従をかさねたのである。さればこそ、秀吉の歿後においては、自然とこれにかわり、その大業の跡をうけて政治組織を改善し、将軍職をその子の秀忠にゆずって、大御所としてなお徳川氏の政策を総監し、江戸幕府を設けて、三百年泰平の基礎を開いたのである。

　家康の一生は、長い忍従の行路であって、たいていの者ではとうてい堪えられぬところを堪え忍んだところに、その人格の偉大さがあるのである。信長のように鋭からず、また、秀吉のように花々しくはないが、ただ自分に与えられた運命を静観し、小節に拘泥《こうでい》せず、着々と実力を養い、天命ついに到って、有終の美をなしたのである。人生に対するこのような確かな心構えというものは、わが史上の人物にも滅多に見られぬところであって、熱して冷めやすい国民性を有する日本人としては、学ぶべき点がきわめて多いと思うのである。

　家康には、とくに正しい遺訓というようなものが伝わっていないとしても、彼の人生そのものが、すなわち生きた教訓であるといってよかろう。不言実行という言葉があるが、家康こそ正にそのとおりであって、われわれは、家康から無理に文章の形を整えた遺訓というようなものを求める必要もないのである。ことに彼は宣伝嫌いの話下手でもあって、たしかな史料にあたっても、教訓じみたことを筆にしたものはほとんど見あたらないといってよいのである。

しかし、いかに話下手な家康でも、やはり話というものは下手ながらやったと見えて、その話を聞き伝えて筆記したものがいまに相当のこっている。家康だけの話を主として書き集めたものもあるが、多くは他の武将の逸話の中に混交して伝わった断片的なものである。これらの断片的な話は、家康が折にふれて御伽の席などで近臣に物語ったもので、なんら体系的なものではないが、これらの話を総合すると、そこに家康が示した教訓の内容が明瞭にうかがわれるのである。それであるから、これらの話を基として、家康が人生のあらゆる方面の事について教えさとしたところをあげてみようと思う。

家康は、まず、質素倹約を説き、おごりを戒めたのである。

老子の言葉に、「足ることを知って足る者はつねに足る」というのがあるが、家康は、この言葉を一生の身の守りとしたのである。彼は、将軍職をその子の秀忠にゆずり、駿府に隠居して大御所と称していた時、折から見舞いにやって来た本多正信を通じて、この格言を秀忠に伝えたので、秀忠はこれを自書して床の間の掛け物としつねに読み味わったということである。この「足ることを知って足る者はつねに足る」というのは、すなわち、質素倹約の原理であって、この原理を無視した倹約は、けちん棒に過ぎないのである。

家康が質素倹約を行なった実例としては、鷹狩に行く時には、とくに弁当など用意しないで、たいていは握り飯の焼いたのを持って行って、野原でも、山でも、二、三度ぐらいこれを食べて、そのまま残りを持って帰って来たということである。彼はこうしたことを自分でやって見せるだけでなく、近習たちにもこれをすすめたのである。御家人には、屋敷の広大なものを与えてはならぬ。屋敷が広いと、これに伴って不用の建物を増設したり、泉水や石立の粧いを凝らしたりして、人を招き集めて、いたずらに財宝を費やし公務を怠る結果ともなるのである、と説き、勤番の侍たちが座敷相撲をとっているのを見て、これから相撲をとる時には畳を裏返しにせよ、といった。

それから、質素倹約を奨励するとともに、奢侈を戒め、身分相応ということを説いた。大坂が落城して凱旋してから駿府で祝宴があった際に、給仕の小姓が茶宇《ちゃう》の袴をはいていたのを問いただし、戦乱が鎮まってまだいくらもたたないのに、早くも泰平の思いに倹約をすることを忘れ、珍しい衣服を着ていたずらに財宝を費やしているが、このようなことでは、数年の先が思いやられる、といって歎き、宴会も中止にしてしまったということである。

また、鷹野に出た際にも、武藤半三郎という近習の者が、当時流行の髪の結い方をしていた。それを見て、半三郎を駕籠脇に呼び、お前の祖父の武藤掃部はたいへん役に立ち、武士の道を心がけて走り廻ったものであったが、そのような髪の結び方はしなかった、この大たわけめが、と一喝したということである。そうして、つねに、武士は武士らしく土臭いのがよい。侍たる者が駕籠に乗って往来するのは公家風であってよろしくない。ことに、五十歳以下の者が紬《つむぎ》や木綿の地太なのを着て、素足に草鞋で馬上または徒歩で往来するのは、見ていて気持ちのよいものだ、と語った。また、具足などというものは、たとい、大身《たいしん》の者でも、あまり綺麗なのはよろしくない。まして小身者が身分にすぎた結構な具足を着けているのは沙汰の限りである。自分などは、若い頃から数々の戦場にのぞんだが、薄金の具足ばかりを着し、かえって薄手すら負ったことがなかった、と物語った。

家康は、次に、貯蓄について説いた。

質素倹約の考えがさらに積極的な形をとったのが、この貯蓄の思想である。彼の経済観念がすこぶる発達していたことは、慶長十七年に伊豆の国三島の代官をよんで十四年以前に八丈島から送ってきた六枚の桑板について問いただしたという一つの話によっても想像される。また、つねに蔵入代官の勘定をじきじきに聴取して、予算の額を蔵に納め、余分がある場合には、それを小遣いにして近習の女どもを集め、手の指を出させて算用させて、それらを人びとにわかち与えた、ということである。このような逸話は、家康の自筆の年貢皆済状などが多くのこっていることからしても、事実として証明することができるのである。

貯蓄心が強固であったことについても逸話がある。それは、駿府城の大奥に足袋の箱を二つ作り、その一つに新しい足袋を入れ、他の一つによごれた足袋を入れ、その箱がいっぱいになると、古足袋の箱の中から少しよごれたもの二、三足を除き、あとをみな女中どもに下げ渡したということである。彼は、慶長十年に駿府に移るに際して、年来蓄えた金子《きんす》を跡取りの秀忠にゆずったのであるが、その時戒めて、この金子は天下の金子と心得、決して私用に使ってはならぬ。天下を平定したから、もはや蓄えの金子が不足しても差し支えなかろう、という考えはよろしくない。無益の費《つい》えを慎み、金銀を貯えることに心がけねばならぬ。金銀入用には三つの場合がある。一つは軍用、一つは大火に備えるため、一つは天災や凶年に備えるためである、と説明した。

家康の質素倹約や貯蓄心は、目的あってのことで、一朝有事の際に備えるためのものであったが、単にそうした功利的な手段からばかりでなく、やはり、「足ることを知って足る者はつねに足る」といった心構えから出発した、真に物そのものの価値を認識してこれを尊ぶという精神のあらわれにすぎないと思うのである。その証拠として、彼は何よりも黄金を重んじた。黄金というものは、すべての物質の中で最も価値の高いものであるから、当然至極のことではあるが、本当にこれを尊んだあまりには、これを単なる装飾物としてもてあそぶことさえ戒めたのである。

ある時、進物の団扇に黄金の飾りのあるのを見て、ひどく恐れ、天下に黄金ほど重宝なものはあるまい。それをこのように飾りに用いるのは、もっての外である、といったという。彼は、黄金を初めとして、すべての物質を尊重したのであるが、駿河の鋳銭場の跡を掘り返し、赤銅の屑を取り出して、これを運上させたことなどは、いまでいう廃物利用の好例であろう。

家康は、次に、武道の鍛錬と学問の素養について説いた。

武道は武士の表芸であり、戦乱の世に処してこの嗜みが浅くては、一日としてその面目を保つことさえできない。まして、戦国武士の旗頭であった家康が、この道に力をそそいだのは、当然至極なことであった。彼は、自分では大いにこの方面の実力を養い、個人としてもすでに立派な腕前を持っていたのであるから、これが精進については、とくに力を入れたのである。ある時の言葉に、旗本の侍どもは、たといどれほど家柄がよく利発者であっても、武道に心がけのない者と、親不孝者とは、役に立たない。また、乱世に武道だてするのは、鼠が人をかむようなものである。治世に武道を嗜む者こそ本当の武道の達人である、と説明した。

学問の素養については、文武は車の両輪のごとしといった考えを本として、その奨励に心を用いたのである。物の本を読むことは身を正しくせんがためである。うつし心で、あながちなんの用ともなく書を読むのは、瞽女《ごぜ》や座頭《ざとう》の物覚えにほかならない、とのべて、武士が読書する目的を明らかに示し、また、源九郎義経が滅んだのは、義経が歌道に暗く、「雲はみなはらひはてたる秋風を松に残して月を見るかな」という古歌の意味も知らずに、身上をつぶして平家退治に没頭したためである、と論じた。

猿楽や茶の湯に閑日月を楽しんだ当時の武将の中にあって、彼だけはそうした芸道に没頭することなく、後年になっては高僧名儒についてひたすら儒教を修め、学問の復興に力を尽くしたのである。それで、ある時の言葉に、天下国家を治める者は四書を熟読しなければならぬ。四書の中では、とくに孟子を味わうべきである、といっている。

家康は、次に細心沈着ということを説いた。細心といえば、もちろん質素倹約や貯蓄などの場合もふくまれるが、そのことはすでにのべたから、ここではそれ以外の方面のことが問題となる。彼は戦陣にのぞんでの注意として馬に米袋をつけるのに、豆を米に混ぜ合わせたのは悪い。豆を煮てそれを少し乾かして、米の代わりに藁を細かく切って、少し柔らかくして混ぜてつけたのがよい。また豆ばかりさっと乾かして入れ、行先で藁を加えてもよい、と教えた。それから合戦の心得として、合戦というものは戦って勝つものである。決して負けるものであってはならない。戦わない前に勝負の道理を知るのが良将である、といっている。これは細心ということを一歩進めて、遠き慮《おもんぱか》りということを説いたのである。

次に、この細心とか遠き慮りということに、さらに沈着の徳を加えたものに、落雷の際に処する心得を説いた話が伝わっている。それは、雷が鳴った時に、ただ怖がって戸障子を立て廻し、家中の者が同じ場所に集まって小さくなっているのは、愚の骨頂である。雷はどこへ落ちるかわかったものでない。もし、運悪く皆が集まっている所に落ちたならば、一家全滅となるであろう、雷鳴が烈しくて、落ちる恐れのある時は、家族は別々に離れているのがよい、と教えたのである。これなどは、ごく卑近なことのようであるが、実に妙を得た教訓ではなかろうか。

これまでのべて来た家康の遺訓は、質素倹約や、貯蓄の方針にしても、武道や学問の修練にしても、細心沈着の心得にしても、みな、実力の養成という一事に帰着するようである。人は平素の心がけが一番大切であって、十分に実力を養成しておいて、一朝有事の際には大いにその実力を発揮するようにしたい。こういうのが彼の主義であり、方針であったのである。

家康は、実力の養成ということが人生における先決問題であり、この実力を十分に養成しながら一朝有事の機会を待たなければならぬ、と説いたが、さて、そのような好機というものは、そう簡単に来るものではない。そこで、最後に忍従ということを教えたのである。忍従ということは、彼が一生の体験から得たところの最も尊い精神であって、家来に対してもつねにこの心得のあるべきことをさとしたのである。

その一例として、次のような話がある。内藤某という者が平生短気で、わずかな世間話をも耳にかけ、相手に対して言葉とがめをなし、たびたび喧嘩におよぶことがあった。それを聞いた家康は、お前は些細な世間話も気にして争論に及ぶということであるが、それは役にも立たぬことである。お前が戦いに出陣する際には、定めし敵の大将を打ち取ろうと意気込むことであろう。それと同じ意気を持って、今後は、世間話を気にかけて言葉とがめをするというお前の心の中にいる敵将を討ち取ってしまえ。そうしたなら、そのような役にも立たない争論などせずにすむであろう、とさとした。これは、心中の賊を滅ぼすこと、克己の精神であり、いいかえれば、忍従の心を教えたにほかならないのである。

またある時、近習の若侍に向かって、お前たちが身を安全に保って行くのに大切な言葉がある。それを五字でいうのと、七字でいうのとがある。どれが聞きたいか、といった。そこで近習が、どちらもついでにうけたまわりたい、というと、五字でいうのは、「うえを見な」、七字でいうのは、「身のほどを知れ」である。お前たちは、つねにこれを忘れてはならぬ、と教えたという。「うえを見な」とか、「身のほどを知れ」とかいうのは、すなわち、忍従の精神であって、自分の力とか地位とかいうものを、よく認識し、上の者と比較して不平を並べたりせず、むしろ、つねに下を見るようにして忍従して行け、とさとしたのである。

しかし、この忍従というのは、なんのためにやっていくかといえば、それは、機会を見て飛躍するための下準備でなければならない。希望や目的のともなわない忍従は卑屈にすぎない。忍従が卑屈に退化してしまうのでは、全く意味をなさない。そこで家康は、さらにこのことを喩えにとって、大黒天の極意ということを説いている。

それは有名な話であって、豊臣秀吉の御伽衆の曽呂利新左衛門が家康の屋敷にやってきて夜話に花を咲かせた時、新左衛門が大黒天の道理を説いて、その眉を高く作り、その上に頭巾をきせているのは、自然と上を見ないで、一分を守り、幸いを待つ心である、というと、家康は、それはもっともな話であるが、大黒天には、もう一つ上の心がある。それが大黒天の極意であるが、一ついいあてて見よ、といった。新左衛門は、しばらく考えていたが、頭巾より上の道理は、どうしてもわかりませぬ、と申し上げると、家康は、大黒天がつねに上を見ないのは、一朝事ある時にその頭巾をぬいで上を見んがためである、そこに大黒天の極意がある。頭巾のところばかり注意して、それをぬぐ時のことを知らないのは駄目である、と説き聞かせたということである。

家康は、この外になお、仇に報ずるに恩をもってせよ、と教え、また、人の一生の中には三段の変わり目がある。まず十七八歳の時は、友に従って悪く謀ることがある。三十歳頃になると、ものごとに慢心が生じて老巧の者をあなどる心が生じてくる。四十歳の時分は、ものごとに述懐の心ばかり起こって、進取の心が乏しくなる。この三度の変わり目に注意すべきで、この変わり目に処して身を落とさぬ者が偉人なのである、と説いた。また、天下を支配する政治家の心得として、王法、軍法、百姓、この三つの善悪によって、国家の治安が定まるのである、よろしく一身を犠牲にして邦家のために尽力すべきである、と教えている。

家康の遺したこれらの教訓というものは、実に波瀾曲折をきわめた彼自身の一生における尊い体験と、それから、武将または政治家としての日頃の修養から割り出されたものであって、一言一句、まことにゆるがせにできないと思うのである。これらの遺訓によってわれわれの教えられるところは、きわめて平々凡々な道理であって、しかも、その平凡な道理をただ実行するところに意味があるのである。そうして、家康自身は、何よりもまず、その説くところを実行して見せている。それだから、この遺訓をとおしてわれわれの教えられるところは、ますます深いものがあると考えなければならぬ。

徳川光圀の教訓

徳川光圀《とくがわみつくに》は、水戸藩第二代の藩主で、水戸光圀の名をもって世に知られている。寛永五年、徳川頼房の三男として水戸城下に生まれ、幼名を千代松といい、徳亮と称し、光圀と名のる。字は子竜、日新斎、常山人、梅里、西山隠士などと号した。少時より英名をもって知られ、寛永十一年、七歳の時、初めて将軍に謁し、十三年、九歳の時元服し、従五位に叙せられたが、十七年、十三歳の時には従三位右近衛中将にのぼった。明暦三年、『大日本史』の編纂に着手し、彰考館を建設した。同年八月封をついで、常陸二十八万石の主となり、寛文五年には明国の遺臣朱舜水を招いて、弟子の礼をとった。

かくて、領内の治政に意を注ぎ、あるいは寺社奉行を置いて淫祠を毀《こぼ》ち、あるいは由緒ある廃寺古蹟を復興し、あるいは吉田神道を興し、あるいは大成殿を駒込別荘内に模造し、諸臣に命じて、朱舜水について儒学を学ばせた。元禄三年十月、致仕し封を綱条《つなえだ》にゆずって、水戸に帰り、太田郷西山に居を移し、自から西山隠士と号した。

同十三年十二月、七十三歳をもって歿している。

著述には、『大日本史』の外に、『常山文集』『常山詠草』『礼儀類典』『参考保元平治物語』『参考源平盛衰記』『花押叢』『草露貫珠』『水府系纂』『常陸国志』『鎌倉志』などがある。その民治に至っては、水戸黄門遊歴の名をもって人口に膾炙《かいしゃ》しているように、殖産の業、貧民の救済、風俗の矯正など、その治績は枚挙にいとまがない。その歿後、天保三年には、従二位権大納言に叙任せられたが、明治二年には、尊皇修史の功をもって、従一位に叙せられ、三十三年には、さらに、正一位を贈られた。

光圀の教訓状というのは、その子の綱条に言い伝えた教訓をその家来の安積覚が筆記したもので、人君の教育法を説いたものである。巻頭には、「西山様より若殿え被仰進候御伝言中扣《ひかえ》」とことわり、以下、十箇条にわたって教訓をたれている。

一、御読書のことは、前々から申し上げているとおり、御身の益になることはいうまでもなく、文字を自在に働かしなすったならば、当分、御用が足りて、年を取られてからも、たいへんお慰めになることと思われる。それゆえ、御精を出していただきたい。

一、御武芸のことは、どれも少しは心がけなさらなくてはならぬことである。とりわけ、槍というものは長道具で取り扱いにくいものである。普通は、大将が御自身で槍を使うに及ばず、御馬の先で侍たちが槍を合わせるのを御覧なさるだけのことであろうが、どんなことで、御自身が槍を取ることがないとも限らぬ。その時には、日頃の御稽古が未熟であったならば、御用には立つまいから、よく習っておかれるがよい。

一、剣術は、御身の囲いになるものであるから、心得なさらなくてはなるまい。ことに居合を習っておかれることが大事である。居合抜きの上では、四寸の詰まり屛風や、水風呂の中で四尺の大刀を抜くなどということをやるが、それは実際の御用には立たないものである。居合は抜き打ちのあたりが強くなければならぬ。二打ち、三打ちでなければすまぬところを、一打ちですめば、それが一番実際の役に立つのであるから、抜き打ちのあたりを強くする稽古をなされるがよい。

一、大兵の者は、三、四尺の刀を自由に振りまわし、役に立てるが、普通の者はそのような大刀は手に余るからはなはだ無益なことである。大殿様は、若年の頃より、二尺五寸以上の刀は手に余るとて、お用いにならなかった。若殿様は、これからどれほど御成長遊ばされても、脇差は一尺七、八寸より一尺まで、刀は二尺三、四寸までにしておかれるがよろしい。見栄を張って、長刀をお差しなされたく思召したならば、いくらでも空鞘を用いなされたがよろしい。身は、必ず今申し上げたような長さになされたがよろしい。

一、軍法は、大将たる者が知らなくてはならないことである。万一の御用で出馬する時には士卒の召使い方や備え立てなどを知らなくてはならない。一騎で立ち働くことは、匹夫《ひっぷ》の勇であるから、大した御用にも立たぬ。また、近頃の軍法は、上をたぶらかすようなのをいっているが、みな怪しからぬことである。栗田七兵衛という者が、御近習の中にあって、謙信流の軍法を会得していることであるから、一通りの軍法は、七兵衛におききなされたがよい。

一、軍学の根本は、「七書」よりほかにはない。大殿様も、お若い時に七書を読んで、その大要を御会得《ごえとく》なされた。「六韜三略」なども軍学の道理をのべた本であるが、中でも、『孫子』と『呉子』とを重しとしている。けれども、孫子や呉子は軍学に巧みではあるが、その業績は、学ぶに足りない。たとえば、上州筋の夜討や強盗の類にも、それぞれの法則はあるものである。夜討には、松明《たいまつ》の振り方が大切であり、強盗の中でも、頭《かしら》だった老巧の者に松明を振らせるのである。その振りようが悪い時には、働きも面白くない。だから、松明を振る役が大切であって、相手のほうも、松明を振っている者を目がけて、それを討ち取るようにしている。こういうことは、武士の心得にもなることであって、夜討強盗の所業にも、良いことがないとは限らない。けれども、夜討や強盗は、大きな悪事である。孫子や呉子も、このようにして、採るべきところを採り、捨つべきところを捨てたのである。

一、つねづね、算盤《そろばん》を習い、算勘を覚えるようにしたがよい。役人になる身でもないのに、何ゆえかと思われるか知らないが、算数を知らなくては、備え立ての人数の配りようができない。たとえば、三百坪一段の場所に騎馬の士をどれだけ立てられるかということを、馬の上から一覧した上で、見積もることができないようでは、忙がしい時節や急用の間に合わないものである。もっとも、軍学や備え立ての心得のある者がお側におりはするが、どんな都合で、それがいないとも限らない。その場合には、間に合わない。だから、御自分で算数を心得ていなくてはならない。大殿様は、お若い時から、土地の坪数にお心をとめられ、何段何町の場所でも、即時に御覧になることがおできになった。これも、つねづねのお心がけによるものと思う。

一、大将の宝とすべきものは、堅固な城郭と、札《さね》のよい甲冑、この二つよりほかにはない。けれども、つねづね召使っている侍たちは、すなわち、その城郭や甲冑にほかならないのである。どれほど質のよい甲冑を身につけ、どれほど堅固な城郭にたてこもっても、士卒の心が離れればなれになってしまったのでは、役に立たない。士卒がお互いに心を合わせさえすれば、どれだけ堅固な城郭にも、札のよい甲冑にもまさるのである。たとえば、人の身に近い宝としては、刀や脇差にまさるものがないのであるが、その鞘が走って、手足を切るようなこともある。士卒も、これと同様に、身の護りとなる宝ではあるが、鞘が走って怪我をすることがないように、人をよく見立てて召使うことが肝要である。結局は、殿の御恩に感じた者が、刀や脇差のように身の護りとなり、怨みを含んだ者が、鞘走って怪我のもとを作ることとなるのであるから、ひたすら、御恩に感じ、怨みを含ませないように、つねづね心づけて士卒を召使われることが大切である。

一、御家中の諸士の筋目を御存知なされるように心がけなさるがよい。例えば、駿河以来源威公へ御付人として定められた四十九人の者どもの子孫は誰々であるとか、威公の御代や大殿様以来召使われた古参の者と、新参の者との差別や、由緒来歴などを、御存知なされるように心がけていただきたい。それについては、いろいろと書き記したものが伝わっているが、お望みとならば、差し上げるから、それを御覧になったり、または、人の物語をよくお聞き覚えなさるようにして頂きたい。

一、つねづね御身体をいためないように、お身持ちを慎みなされたい。大殿様は、お若い時から御身持ちをすこやかになされたので、御老年の後までも、たとえ大寒や大暑に野陣をお張りなされても、御身体に少しの痛みも感ぜられることがなかったほどに、つねづねお身持ちに心を配られた。身体は習慣次第で、どのようにでもなるものであるから、ただ、すこやかになるように心がけられることが大切である。大殿様は、三木別所屋敷にて御誕生なされ、五歳までは、柵町に住まって、杉という乳母、らいという婆さん、庄九郎という草履取りの三人のほかには、召使いとてなく、召し上り物なども、ずいぶん粗末なものでお育ちなされたが、家督をつがれ、三十年の間御政務をとられ、いまにもって御息災でいられるようなわけであるから、これらのことを、よくよく、お考えになっていただきたい。

この文章の中に、威公とあるのは、家康の第十一子で、御三家の一として、水戸藩の開祖となった徳川頼房のことであり、大殿様とあるのは、すなわち、光圀のことである。とくに、こういう言い方をしているのは、この教訓書が光圀の家来の安積覚が口述したものだからである。若殿とあるのは、もちろん光圀の子の綱条のことである。この綱条というのは、光圀の実子ではなく、光圀の兄にあたる讃岐守頼重の次男であるが、光圀の養子となり、水戸藩をついだのである。そんな事情から、とくに、このような丁寧な教訓が与えられたものと見える。

これを見るに、やはり、大将というものは、文武両道に重きをおき、軍法を心得、武芸を練り、軍学を励むとともに、読書に精を出し、算数に熟達せねばならぬことを教えている。学問の中で、とくに算数や算盤がでてくるのは、近世の初期に至って、数理の学がようやくにして重んじられてきた社会事情を反映するものであって、武将の心得の中に、数理の心得を数えあげたことは、近代的意味の深いものがある。

それから、大将の宝とすべきは、堅固な城郭としっかりした甲冑であるが、士卒というものは、刀や脇差と同じく、身の護りになるものであるが、その見立ていかんによって、また使いよういかんによって、鞘走って怪我をすることもあるから、恩に感じ怨みを含まないように、つねづね士卒を召使うことが肝心であり、それには、家中諸士の家柄や由緒来歴などを研究し、その分際に応じて取り立てるようにしなければならぬ、と説いている。

　これは、城とか甲冑とかいったような物質的条件より、人の和という精神的条件に重きをおいたわが国独特の伝統的な考え方のあらわれとも思われる。最後に、いかなる場合にも耐え忍べるだけの、すこやかな身体を、平素の習慣によって鍛えておかねばならぬ、ということを説き、武人には、なんといっても、頑健なる身体が資本であることを暗示している。

KODANSHA

本書は一九四四年、創元選書より刊行された『武将の家訓』を底本にし、著作権者の了承を得、現代仮名表記に改めました。

桑田忠親（くわた　ただちか）

1902年東京生まれ。1926年国学院大学卒業。専攻は日本中世近世文化史，茶道史。東京大学史料編纂官補，立教大学講師，国学院大学教授を経て，国学院大学名誉教授。文学博士。著書に『茶道の歴史』（講談社学術文庫），『千利休研究』『日本茶道史』『山上宗二記の研究』など多数がある。1987年5月5日没。

講談社学術文庫

定価はカバーに表示してあります。

武士《ぶし》の家訓《かくん》

桑田《くわた》忠親《ただちか》

2003年12月10日　第1刷発行
2025年10月6日　第11刷発行

発行者　篠木和久
発行所　株式会社講談社
東京都文京区音羽2-12-21 〒112-8001
電話　編集（03）5395-3512
販売（03）5395-5817
業務（03）5395-3615

装　幀　蟹江征治
印　刷　株式会社ＫＰＳプロダクツ
製　本　株式会社国宝社

ISBN4-06-159630-6

「講談社学術文庫」の刊行に当たって

これは、学術をポケットに入れることをモットーとして生まれた文庫である。学術は少年の心を養い、成年の心を満たす。その学術がポケットにはいる形で、万人のものになることは、生涯教育をうたう現代の理想である。

こうした考え方は、学術を巨大な城のように見る世間の常識に反するかもしれない。また、一部の人たちからは、学術の権威をおとすものと非難されるかもしれない。しかし、それはいずれも学術の新しい在り方を解しないものといわざるをえない。

学術は、まず魔術への挑戦から始まった。やがて、いわゆる常識をつぎつぎに改めていった。学術の権威は、幾百年、幾千年にわたる、苦しい戦いの成果である。こうしてきずきあげられた城が、一見して近づきがたいものにうつるのは、そのためである。しかし、学術の権威を、その形の上だけで判断してはならない。その生成のあとをかえりみれば、その根は常に人々の生活の中にあった。学術が大きな力たりうるのはそのためであって、生活をはなれた学術は、どこにもない。

開かれた社会といわれる現代にとって、これはまったく自明である。生活と学術との間に、もし距離があるとすれば、何をおいてもこれを埋めねばならない。もしこの距離が形の上の迷信からきているとすれば、その迷信をうち破らねばならぬ。

学術文庫は、内外の迷信を打破し、学術のために新しい天地をひらく意図をもって生まれた。文庫という小さい形と、学術という壮大な城とが、完全に両立するためには、なおいくらかの時を必要とするであろう。しかし、学術をポケットにした社会が、人間の生活にとってより豊かな社会であることは、たしかである。そうした社会の実現のために、文庫の世界に新しいジャンルを加えることができれば幸いである。

一九七六年六月

野間省一